LA RELIGION CHRÉTIENNE,

MÉDITÉE

DANS LE VÉRITABLE ESPRIT

DE SES MAXIMES.

TOME PEREMIER.

LA RELIGION CHRÉTIENNE,

MÉDITÉE

DANS LE VÉRITABLE ESPRIT

DE SES MAXIMES,

OU

Cours suivi & complet de Réflexions, ou de Sujets
de Méditations pour chaque jour de l'année,

Sur les Epîtres & les Evangiles des Dimanches & Fêtes.

Ouvrage propre à tous les Etats ; où les Ecclésiastiques,
les Religieux, les Personnes du monde & les simples
Fidèles, apprendront également les Règles sûres de se
sanctifier chacun dans sa vocation.

TOME PREMIER.

*Depuis le premier Dimanche de l'Avent jusqu'au
Samedi de la sixième Semaine après l'Epiphanie.*

A PARIS,

Chez FROULLÉ, Libraire, Quai des Augustins,
au coin de la rue Pavée.

M. DCC. LXXXIV.

Avec Approbation et Privilége du Roi.

TABLE
DES RÉFLEXIONS
Contenues dans ce Volume.

PREMIERE SEMAINE
DE L'AVENT.

AVERTISSEMENT

SUR

CET OUVRAGE.

C'EST précisément ce que renferme le simple titre de cet Ouvrage, qui paroît fournir un motif suffisant de le donner au Public ; parce qu'on espere lui rendre un service assez important, si l'on a eu le bonheur de remplir ce qu'il annonce : & c'est de quoi l'on croit devoir lui rendre compte en peu de mots.

S'il n'étoit question ici que d'explications dogmatiques & morales sur les Epîtres & Evangiles que l'Eglise propose à ses enfans dans sa Liturgie pendant le cours de l'année, on ne

penſeroit pas à rien préſenter de nouveau aux Ames Chrétiennes, après
une multitude d'ouvrages de ce genre,
qui ſont entre les mains de tout le
monde, qui font à juſte titre la
conſolation & l'édification des fidèles. On ſait aſſez qu'un grand nombre de perſonnes de tout ſexe & de
tout état, en fait avec empreſſement
le ſujet ordinaire de ſes lectures, &
met au rang des devoirs de la piété,
de s'en occuper, ſur-tout les jours
de Dimanche & de Fête : on ſe con-
tenteroit de ſupplier le Dieu de toute
grace qui leur a inſpiré ce goût de
piété, de le conſerver & de l'augmenter en eux de plus en plus.

Mais il s'agit d'un cours ſuivi de
courtes réflexions, ou de ſujets de
méditation pour des perſonnes qui,
par choix ou par état, y emploient
régulièrement deux fois par jour un
certain temps limité. Il eſt vrai que
depuis plus d'un ſiècle il en a paru
pluſieurs dans ce genre ; & on n'a

garde de disputer du prix que chacun renferme en soi, & du mérite
qui lui est propre : on bénit le Seigneur
du fruit qu'ils produisent en ceux qui
en font usage ; mais on se plaint depuis long-temps, qu'aucun, soit pour
le fond, soit pour la manière, ne se
trouve pleinement assorti aux différens
états que forment les fidèles dans l'E-
glise, au caractère & aux besoins du
plus grand nombre.

Les uns, dit-on, ne font destinés
que pour les Prêtres, les Pasteurs, ou
pour ceux qui se disposent à l'état
Ecclésiastique ; d'autres ne regardent
que les gens du monde : ceux-ci, au
contraire, ne font que pour ceux qui
vivent séparés du siècle ; & ceux-là
qui pourroient convenir à tous, ne
fourniffent pas une matière suffisante
pour les différens exercices du matin
& du soir, & ne font le plus souvent
qu'ébaucher le sujet qu'ils proposent.
On ajoûte que les uns, avec peu de
principes & de solidité, ne renfer-

ment, ce semble, qu'une méthode
féche, & pour l'ordinaire peu utile à
ceux qui en font usage; les autres ne
présentent, la plûpart, qu'une lumière
sans chaleur, sans mouvemens, sans
onction, tandis qu'il ne faudroit ici
rien de fec & de languiffant; mais
aider toujours, s'il eft poffible, à fentir autant qu'à penfer & à réfléchir.
D'autres enfin qui paroiffent touchans,
ne font souvent remplis que de fim-
ples effufions multipliées à l'infini,
mais qui n'appuient fur rien, & où
du moins l'on trouve peu de ces grandes vérités, de ces maximes folides,
de ces règles fûres de conduite qui
doivent fervir à la fanctification des
mœurs dans tous les états.

Tels font les fujets de plainte qui
ont porté un très-grand nombre de
perfonnes à defirer, depuis long-tems,
un ouvrage où l'on fcût éviter tous
ces inconveniens, & où, fans fe ref-
traindre à certaines conditions particulières, tous les états puffent trou-

ver de grandes & utiles leçons pour le salut ; où, après que l'on a lû que l'esprit a vû clairement certaines vérités, le cœur fût excité à entrer dans les dispositions qui y répondent ; de manière que la prière & les desirs de l'un accompagnent toujours, s'il se peut, l'instruction de l'autre ; & qu'ainsi la parole de Dieu devienne également la nourriture de tous les deux, par cette double grace de lumière & de sentiment, qui fait le soutien de la vie chrétienne.

Or c'est un Ouvrage de cette espèce qu'on a eu en vûe, & qu'on ose présenter ici avec quelque confiance, par les soins qu'on s'est donné d'entrer, à tous égards, dans les vûes & les besoins des fidèles selon leurs différentes vocations. On souhaite y avoir réussi pour le salut des ames ; & si l'on a eu le bonheur d'y parvenir, on demande instamment au Seigneur d'en soutenir & d'en augmenter le succès, par l'influence salutaire

& le secours divin de son esprit.

Comme cet Ouvrage est une suite de moralités sur les Epîtres & Evangiles de chaque semaine, dont les différentes parties sont souvent tellement unies, que l'une dépend de l'autre, on eût fort desiré se borner aux Dimanches de l'année, sans rien entreprendre sur les Fêtes des Mystères & des Saints ; mais le desir de seconder la piété des fidèles en ces saints jours, a fait passer sur cette difficulté ; ainsi l'on trouvera dans cet Ouvrage deux réflexions pour chacun des jours consacrés à honorer quelque Mystère de notre Seigneur Jesus-Christ ou de sa Sainte Mére, ou à célébrer la mort des bienheureux Apôtres & des Saints dont le culte est généralement célébré dans l'Eglise ; tels que Sainte Geneviéve, Patrone de Paris, Saint Martin, Saint Charles, &c. mais on exhorte ceux qui feront usage de cet Ouvrage, de s'en tenir constamment à l'avis qui se trouve à la tête des Méditations pour les Fêtes, au Tome VI.

Enfin, pour ne rien omettre de ce qui peut contenter les personnes qui font le plus occupées des exercices de la prière & de la piété, on a crû devoir fournir, pour chaque jour du mois, une lecture de piété qui, fans être une répétition des vérités développées dans le corps de l'Ouvrage, y eût cependant un rapport fenfible. On y a joint des Elevations ou Prières à Jefus-Chrift préfent au Très-Saint Sacrement de l'Autel, dont on pourra faire ufage pendant les jours de l'Octave de la Fête-Dieu, & toutes les fois que l'on aura occafion d'affifter au Salut du Saint Sacrement, ou que l'on employera un tems fuffifant à l'adoration de ce redoutable Myftère.

Il ne refte qu'à prier le Pere des lumières & de tout don parfait, de verfer fes bénédictions fur l'Ouvrage, fur fon Auteur, & fur tous ceux entre les mains de qui il tombera & qui s'en ferviront.

LA RELIGION CHRÉTIENNE.

MÉDITÉE

DANS LE VÉRITABLE ESPRIT

DE SES MAXIMES.

PREMIERE SEMAINE

DE L'AVENT.

Epitre de Saint Paul aux Romains. chap. 13.

MES freres, l'heure est venue de nous réveiller de notre assoupissement, puisque
nous sommes plus proches de notre salut
que lorsque nous avons reçu la foi. La nuit est
déjà fort avancée, & le jour s'approche : quit-
tons donc les œuvres des ténèbres, & revêtons-
nous des armes de lumières. Marchons avec bien-
séance & avec honnêteté, comme on marche du

Tome I.   A

rant le jour. Ne vous laissez point aller aux débauches ni aux ivrogneries, aux impudicités ni aux dissolutions, aux querelles ni aux envies ; mais revêtez-vous de notre Seigneur Jesus-Christ, & ne cherchez pas à contenter les desirs de la chair.

Évangile selon S. Luc. chap. 21.

EN ce tems-là Jesus dit à ses Disciples : il y aura des prodiges dans le soleil, dans la lune & dans les étoiles ; & , sur la terre, les peuples seront dans la consternation par le bruit que causera l'agitation de la mer & des flots. Les hommes sécheront de frayeur dans l'attente des maux dont tout le monde sera menacé. Et alors ils verront le Fils de l'Homme, qui viendra sur une nuée avec une grande puissance & une grande majesté. Or, quand ces choses commenceront d'arriver, levez la tête, & regardez , parce que votre délivrance est proche. Il leur proposa ensuite cette comparaison : Considérez, dit-il, le Figuier & les autres arbres ; lorsque vous voyez qu'ils commencent à pousser, vous reconnoissez que l'Été est proche : ainsi, lorsque vous verrez arriver ces choses, sachez que le Royaume de Dieu est proche. Je vous dis en vérité que cette génération d'hommes ne finira point que tout cela ne soit accompli. Le ciel & la terre passeront, mais mes paroles ne passeront point. Prenez donc garde à vous , de peur que vos cœurs ne s'appésantissent par l'excès des viandes & du vin, & par les inquiétudes de cette vie , & que ce jour ne vous vienne tout d'un coup surprendre : car il enveloppera comme un filet tous ceux qui habitent sur la face de la terre. Veillez donc en priant toujours, afin que vous soyez trouvés dignes d'éviter tous ces maux qui arriveront, & de paroître avec confiance devant le Fils de l'Homme.

POUR LE DIMANCHE.
DE L'ÉPITRE.

Déjà l'heure est venue de nous réveiller. Rom. chap. 13.

LES hommes ne s'endorment guère sur leurs intérêts présens, & on n'a pas besoin de les avertir qu'il est tems de se réveiller : le sentiment des besoins ou l'impatience des desirs leur en fait prévenir l'heure : les objets de leur affection sont sous leurs yeux, & la vûe d'une prompte jouissance les empêche de se rallentir dans leurs poursuites. Mais pour notre malheur, les biens de l'espérance sont trop loin de nos sens, &, par notre faute, trop loin de notre esprit, pour faire sur nous de fortes impressions ; nous n'en avons ici-bas que des idées foibles, & semblables à ces images effacées qui se confondent dans l'esprit quand on commence à sommeiller. Si la foi cesse de se les retracer par de fréquentes attentions, elles disparoissent ; l'ame s'endort ; le sentiment de la ferveur s'affoiblit ; le dégoût conduit au découragement : nous négligeons nos devoirs, ou nous ne les remplissons plus qu'avec tiédeur ; toute notre piété n'est alors que comme un sommeil : on pense, on veut, on agit, mais si foiblement, qu'il semble qu'on ne serve Dieu qu'en songe.

Or, certainement, ce n'est pas ainsi que

A ij

ſon œuvre s'accomplit en nous, & que nous pouvons eſpérer d'y réuſſir. Le tems eſt court, ne nous flattons pas, & le travail en eſt long & pénible. La vertu demande de nous des violences & des efforts, qui ne ſe font pas en dormant. Il nous importe donc infiniment d'ouvrir nos oreilles à cette parole vive de l'Apôtre, & de nous dire, après lui, qu'il n'eſt pas de ſoin plus preſſant pour nous, que de nous réveiller ; l'heure en eſt toujours venue, parce que tout nous fait retomber dans l'aſſoupiſſement. Les néceſſités de la vie nous occupent ; les engagemens de la ſociété nous partagent ; les entretiens nous diſſipent ; les objets nous amuſent ; le travail même le plus légitime, eſt ſouvent pour nous un prétexte de diverſion : notre cœur, en un mot, toujours ennemi de la contrainte, ne cherche qu'à perdre de vue des obligations qui le gênent. C'eſt, dans un ſens trop véritable, l'ouvrier pareſſeux dont il eſt parlé quelque part dans les livres ſaints, qui regarde voler les Oiſeaux & les Papillons, qui s'entretient avec tous ceux qui paſſent, & qui ſaiſit toutes les occaſions d'interrompre ſon ouvrage, parce qu'il ne lui tient pas fort au cœur. Nous voilà nous-mêmes au naturel. Nous nous livrons à l'attrait de quelque plaiſir, ou nous cédons à l'amour d'un certain repos. Il faut nous réveiller ſans ceſſe ; & rien ne peut nous défendre de cette létargie, qu'une fidélité continuelle à nous rappeller aux vûes de l'Eternité.

·P R I E R E·

DÉvoilez-la donc pour moi, Seigneur, cette Eternité bienheureuse, qui doit seule réveiller & fixer tous mes desirs. Eclairez ma foi sur la solidité des biens que vous me promettez. Rendez-vous vous-même sensible à mon cœur, & redites souvent à mon ame que vous êtes son salut. Présidez à toutes mes occupations, & rappellez-moi, dans le travail même, de mille dissipations qui m'empêchent de vous voir & de vous goûter au-dedans de moi. Qu'une forte impression de votre présence me rende sans cesse attentif à ce que je vous dois, à ce que je me dois à moi-même, & à la fin pour laquelle vous m'avez donné l'être. Mais en rappellant mon attention, Seigneur mon Dieu, excitez ma paresse, animez ma lâcheté, soutenez ma vigilance, & ne souffrez pas que je m'endorme jamais d'un autre sommeil que de celui qui doit me faire entrer dans votre repos éternel.

DE L'EVANGILE.

Il paroîtra des prodiges dans le soleil, dans la lune & dans les étoiles. Luc chap. 21.

CEtte effrayante prédiction est infaillible sans doute, comme toutes celles qui ont l'esprit de Dieu pour auteur. Ne nous infor-

A iij

mons point quand & comment elle s'accomplira. Nos craintes ne doivent point se mesurer sur les présages éloignés ou prochains des vengeances du Seigneur, puisque l'éloignement ou la proximité ne les rend ni plus ni moins redoutables, & qu'il suffit que Dieu soit juste pour être en tout tems terrible au pécheur. Que chacun cherche donc en soi les justes sujets qu'il a de s'allarmer. Ne soyons pas tranquilles si notre cœur a des reproches à nous faire. Eh ! qui est-ce qui peut se flatter de vivre sans quelque reproche réel & bien fondé ? Hélas ! Nous aurions de quoi trembler, quand Dieu ne nous feroit pas annoncer le jour de sa fureur. Comment osons-nous nous rassurer sur ces menaces mêmes? Et à combien d'illusions secrettes ne faut-il pas se livrer, pour en venir, comme l'on fait, jusqu'à s'étourdir plutôt qu'à se tranquiliser?

On regarde comme éloignés, des malheurs dont on peut être surpris à chaque instant: on se promet du tems pour les prévenir, en se flattant toujours de n'être pas au nombre des victimes de la colère du Seigneur : on se nourrit des espérances les plus frivoles & les plus présomptueuses, malgré l'état habituel d'une conscience négligée, pour ne rien dire de plus: on se repaît de mille idées confuses, & toutes plus fausses les unes que les autres, pour éluder des vérités terribles, qui se montrent trop clairement: on s'attend enfin, pour ſe tranquiliſer, à des miſéricordes ſingulières qu'on n'oſeroit promettre bien ſérieuſement au reſte des hommes à qui l'on reſſemble ; & on vient à bout par - là, de ſe donner le change ſur les plus juſtes raiſons de ſe troubler d'une manière utile. Quelle folie ! Quelle ſtupidité en matière de ſalut ! Et quel uſage faiſons-nous ici de notre raiſon, ſi elle n'eſt pas tout-à-fait éteinte ?

Quand il s'agit de cette vie, les alarmes les plus déraiſonnables font prendre les précautions les plus ſcrupuleuſes, & ſouvent les plus funeſtes. Un ennemi nous menace d'un petit mal, & nous en faiſons de grands pour l'éviter. Mais que fait-on pour ſe dérober à des châtimens éternels ? On ne s'en effraie que rarement ; encore ces frayeurs ne vont-elles pas peut-être au-delà de l'émotion des ſens, quoiqu'elles aient leur racine dans le témoignage d'une loi éternelle qui nous condamne, & dans le cri intérieur d'une conſcience qui n'eſt pas dans l'ordre. Un accident ſiniſtre qu'on apprend, une mort tragique & ſubite dont on eſt témoin, un orage qui ſe forme ſur nos têtes, ſouvent un éclair qui brille, un coup de tonnerre qu'on entend, fait frémir : on tremble ſous la main de celui qui remue, quand il veut, tout le Ciel, & qui peut ébranler la terre juſques dans ſes fondemens ; mais combien l'impreſſion dure-t-elle ? & quel fruit nous en revient-il ? L'objet diſparoît à nos

A iiij

yeux, le bruit ceſſe, l'imagination ſe remet, & le cœur n'en eſt pas devenu meilleur. Voilà le prodige qui nous étonneroit le plus, ſi une crainte religieuſe & vraiment chrétienne étoit en nous le fruit de la piété; ſi nous regardions fixément tout ce qui eſt de l'autre vie, comme des objets bien plus réels que ceux qui frappent les yeux du corps; & ſi notre foi, foible & languiſſante, ne nous laiſſoit dans une eſpèce de ſommeil malheureuſement trop ſemblable à celui de la mort. Redoutons-en donc les ſuites, qui nous conduiroient inſenſiblement plus loin que nous ne penſons, & dont il n'y a que trop d'exemples. Réveillons-nous une bonne fois, il eſt tems, & il n'eſt pas trop tôt; n'attendons pas de le faire au ſon de cette voix terrible qui ſe fera entendre juſqu'au fond des tombeaux : & que la plus vive de nos frayeurs, dans ce moment, ſoit en effet de n'être pas aſſez vivement effrayés.

PRIERE.

A Quel ſiècle, ô mon Dieu, m'avez-vous réſervé ! Je vis au milieu d'une nation qui n'a pas votre crainte; je ne vous crains pas moi-même, & j'inſulte par mon orgueil à la vérité de vos menaces. Mon ame eſt dans une vraie léthargie, & je vis ſans remords, dans la tentation habituelle d'une ſécurité funeſte qui me rend de jour en jour plus inſenſible & plus dur. Qu'eſt donc devenue cette terreur ſalutaire de vos jugemens, qui peuploit autrefois les deſerts, & qui donna tant de Saints aux premiers âges de votre Egliſe. Réveillez-la, Seigneur, réveillez-la dans mon cœur, & pénétrez-en ma chair & mes os juſqu'au fond des moüelles, puiſqu'il n'en faut pas moins à ma tiédeur. Suis-je donc meilleur qu'un Hilarion, qu'un Arſéne & un Jerôme au fond de la ſolitude? Tirez-moi, mon Dieu, de la pouſſière où, depuis trop long-temps, je dors avec les morts; que je commence à vous craindre autant que vous êtes terrible, afin que ma crainte même devienne le ſujet de ma confiance, en devenant la ſource de mon ſalut.

POUR LE LUNDI.

DE L'ÉPITRE.

Notre ſalut eſt plus près de nous, que quand nous avons commencé de croire. Rom. c. 13.

QU'on faſſe bien attention à ces paroles, & on y trouvera certainement une des plus conſolantes vérités de la Religion. Il eſt vrai qu'il faut perſévéter juſqu'à la fin, pour être ſauvé; que cette fin décide de tout, & que notre deſtinée pour l'éternité dépend des diſpoſitions où notre derniere heure nous aura trouvés; c'eſt une condition dont l'Evangile n'a diſpenſé perſonne : il faut compter là-deſſus. On ne diſpute point avec Dieu, & on ne péfe point les raifons qu'on a d'agir, quand les démarches font abfolument néceffaires. Mais s'il y a quelque motif capable de ranimer en nous la ferveur d'un travail d'ailleurs indifpenfable, c'eft le fouvenir des années que nous avons déja paffées au fervice du Seigneur, & la penfée que notre falut eft plus près de nous que quand nous avons commencé de croire. La mefure des bonnes œuvres fe comble comme celle du péché : chaque pas que nous faifons dans la voie en abrége la longueur; & tous nos progrès font comptés. Ne nous laffons donc point de faire le bien, jufqu'à ce que la juftice ait pris en nous tous fes accroiffemens. On n'abandonne pas un édifice quand il ne refte plus que quelques pierres à pofer : le laboureur ne renonce pas au fruit de fes peines, quand fon champ eft prêt à moiffonner : le voyageur fe fent foulagé, quand il découvre le but de fa courfe; il recueille même toutes fes forces, & ne s'arrête pas à la vue du lieu de fon repos. Enfin, perfonne ne confent à perdre fes avances dans les affaires du temps, & tout paroît poffible quand on croit qu'il ne s'agit plus que d'un dernier effort.

Rien n'eft donc plus déraifonnable que notre laffitude & nos découragemens dans la piété. Il y a long-temps, dites-vous, que vous vous contraignez; vous avez eu de rudes facrifices à faire; il vous en a coûté mille violences pour tenir contre vos penchans : mais quand tout cela se trouveroit vrai, & ne seroit pas exagéré de votre part, c'est cette pensée même qui doit vous affermir contre la tentation de l'inconstance. Est-ce donc sans sujet que vous avez deja tant souffert? Un moment de repos vaudra-t-il le prix des travaux de tant d'années que vous risquez? Pourquoi, par un mortel dégout, sacrifier de si douces espérances? Encore un peu de tems, peut-être, & celui qui doit venir viendra avec ses récompenses; il viendra sans doute, & ne tardera pas, puisqu'enfin ce qui doit finir avec la vie ne sauroit jamais être long.

P R I E R E.

NOn, Seigneur, je n'ai plus que comme une heure à travailler à votre vigne : Je sens tout l'intérêt que j'ai de vous demeurer fidéle jusqu'à la fin, & toute la folie qu'il y auroit à me retirer de votre service au moment de la récompense. Qu'est-ce d'ailleurs que mon travail par rapport à cette récompense? Et ne serois-je pas encore trop dédommagé, quand l'attente seroit plus longue? Mais avec le fond de corruption & d'infirmité que le péché me laisse, ce travail même, tout léger qu'il est, me lasse, m'abat, me dégoute, & les forces me manquent avant la fin de ma course. Soutenez donc ma foiblesse, grand Dieu ! Ranimez mes langueurs; achevez votre œuvre; conservez en moi le fruit de vos graces, & ne permettez pas que je ne me rappelle un jour vos anciennes miséricordes, que pour être le sujet éternel de mes regrets & de mon désespoir.

DE L'EVANGILE.

Les hommes mourront de frayeur dans l'attente de ce qui sera prêt d'arriver au monde. Luc. ch. 21.

COnsidérons toutes ces choses dans un esprit d'étonnement, d'humiliation & de tremblement. Jesus-Christ lui-même n'en parloit qu'avec larmes à Jérusalem, pour faire voir qu'il n'en faisoit pas une séche prédiction dans les seuls présages qui devoit arriver à cette ville infortunée. La main de Dieu est redoutable quand elle exerce un jugement de colère : il frappe avec toute la force de son bras puissant, dit un Pere : *Totâ Divinitatis dexterâ.* Et par combien de terribles effets ne déploie-t-elle pas sa justice contre des coupables qui ont méprisé sa voix ! Il n'y a qu'à lire dans l'Evangile ce qui doit annoncer ce jugement de justice, & toute l'étendue des misères qui doivent précéder la derniere & inexplicable misère de la condamnation éternelle. Les hommes, dit-il, mourront de frayeur dans la seule attente de ce qui sera prêt d'arriver ; & ils se croiroient heureux d'être ensevelis dans les antres les plus sombres, & écrasés même par les montagnes pour n'en être pas témoins.

Avons-nous moins de raison de nous effrayer, que ceux qui verront ces derniers maux
du monde. Le spectacle en sera terrible, &
nous devons souhaiter que Dieu l'épargne à
notre foiblesse. Les peurs extrêmes ôtent le
conseil. L'ame toute occupée de l'image de
ses périls, n'apperçoit point ses ressources : on
se laisse accabler sous des coups qu'on auroit
pû détourner. Tous les hommes seront effrayés des présages du dernier jour, & peu se
convertiront : la raison & la foi les abandon-
neront dans ces tragiques circonstances, où
ils devroient, plus que jamais, faire usage de
l'une & de l'autre ; & ils seront absorbés dans
un trouble à ne savoir quel parti prendre :
c'est l'expression du texte grec. Mais, après
tout, pour nous engager à fuir la colère du
Seigneur, faut-il attendre que toute la nature
se bouleverse ? Un danger plus pressant nous
menace : nous habitons une maison de boue
qui tombe sous son propre poids ; un corps
fragile dont le moindre effort peut déranger
les ressorts : un grain de sable qui s'arrête,
une goute d'eau qui se détourne de son cours :
voilà, pour chacun de nous, le renversement
du monde. Qu'importe, en effet, que tout
se soutienne autour de nous, si nous sommes
ensevelis nous-mêmes sous nos propres ruines ? Les Cieux, à la vérité, ne seront point
ébranlés pendant notre vie. Tout sera réglé,
si l'on veut : dans leurs révolutions, tout sub-

siftera encore dans son premier ordre : mais le cours de nos humeurs se déréglera, tous les principes de la vie seront détruits en nous, & la fin de nos jours avancera pour nous celle du siècle & l'arrivée de notre Juge. Examinons-nous sérieusement. Qui est-ce qui ne seroit pas saisi de terreur, s'il connoissoit & s'il songeoit combien peut-être il s'en faut peu qu'il ne cesse de vivre ? C'est un bonheur qu'une telle crainte ne nous trouble pas jusqu'à nous rendre incapable des soins du salut, puisque dès-lors elle cesseroit d'être utile & raisonnable. Mais, pour ne pas en être surpris, n'oublions pas du moins que nous pouvons mourir, & que nous mourons en effet tous les jours. Ces réflexions & ces vérités nous sont devenues familières, parce que tout nous les rappelle sans cesse ; mais elles n'ont rien certainement perdu de leur force & de leur réalité, pour avoir été proposées & rebattues tant de fois. Qui n'en profite pas, se trouve absolument inexcusable : mais celui qui les néglige, & qui veut bien les oublier, mérite bien aussi la peine de la surprise, & s'expose trop visiblement à un jugement sans miséricorde.

PRIERE.

O Dieu, quelle source d'allarmes pour moi ! Non, je n'attendrai pas, pour m'effrayer, que les loix de la nature se démentent à mes propres yeux. Le grand sujet

de mes frayeurs, c'eſt de voir l'univers ſubſiſ-
ter, tandis que je me détruis. Le monde vieil-
lit, mais il ne s'uſe point : pour moi, je meurs
à chaque inſtant ; & c'eſt la vie même qui
m'approche du tombeau. L'âge m'épuiſe inſenſiblement, & je ne vis preſque plus, quand
je ſuis près de remplir le nombre des jours que
vous m'avez comptés. Faites du moins, Seigneur, que ſans ceſſe attentif à cette défail-
lance, je trouve, dans mon infirmité même,
une reſſource contre les ſurpriſes de la mort.
Soutenez-moi dans cette vigilance chrétienne ; mon caractère particulier en a beſoin. Et
puiſque chaque moment que vous m'accordez
m'avertit de ma derniere heure, que je ne
néglige pas de m'y préparer.

POUR LE MARDI.
DE L'EPITRE.

La nuit s'enfuit, & le jour s'avance. Rom. 13.

L A vie préſente n'eſt proprement qu'une
ſombre nuit : tous les cœurs y ſont cou-
verts d'une obſcurité profonde ; les bons y
ſont mêlés avec les méchans, & ſouvent on
ne les diſcerne pas les uns des autres. C'eſt
même, pour la plûpart, l'heure du pécheur
comme le régne du péché ; & c'eſt à la faveur
des ténèbres qu'il exerce ici bas ſa puiſſance.
S'il falloit toujours le commettre en public ;

on rougiroit de la honte qui l'accompagne, on craindroit la peine qui suit : mais le secret nous rassure, & l'impunité nous enhardit. A quoi pensons-nous, & quel est notre illusion ! Nous comptons pour rien les petites fautes quand elles sont cachées. Le crime peut nous causer encore quelques alarmes : mais l'innocence sacrifiée coûte toujours bien moins de regrets, quand l'honneur est conservé. Nuit de ce siècle, funeste nuit ! tu ne dureras pas toujours. Le jour de l'Eternité s'approche, ce grand jour de la révélation de toutes choses. Les livres des consciences seront lus, & il n'est rien de si caché qui ne soit enfin découvert.

Découvrons-nous donc nous-mêmes à nous-mêmes, & aux yeux de la vérité qui perce dans les replis les plus intimes de notre cœur. Rejettons loin de nous toute œuvre de ténèbres ; renonçons, sans réserve, à l'iniquité la plus cachée : le mystère en durera trop peu pour en faire aimer le plaisir. Notre amour propre nous sera peut-être fidèle ; nous sauverons, pour un moment, une je ne sai quelle réputation qui nous est chère ; & notre orgueil qui ne se repaît que de chimères, se trouvera satisfait pendant un temps : mais notre vaine gloire ne descendra pas avec nous dans le tombeau. Dieu révélera notre turpitude à la vue de l'univers ; il ouvrira sur nous les yeux que nous craignons le plus. Nous serons connus pour ce que nous sommes, de ceux que nous avons le plus à cœur de tromper; de ceux dont nous aurons séduit la simplicité ou attiré les regards, dont notre hypocrisie aura joué la bonté ou amusé la crédulité, dont nous aurons enfin surpris l'estime, & recherché ou usurpé les éloges. Aurions-nous le courage de leur en imposer, si nous étions assurés qu'ils découvriront bien-tôt l'imposture? Quelle folie! Nous mourrions de douleur d'avoir été surpris dans quelque action honteuse, nous cachons avec soin nos vices aux hommes; & nous péchons devant celui qui doit un jour leur révéler tout. A quoi nous servira d'avoir évité, pour un moment, un opprobre qui doit être éternel?

PRIÉRE.

QUelle prière oserai-je vous adresser, ô mon Dieu, & quels reproches ma conscience ne peut-elle pas me faire, si je veux l'écouter! Souvent & trop souvent je n'ai pas craint de faire le mal en votre présence; & je croyois n'être point vû, quand c'étoit vous seul qui me voyiez. La seule crainte d'une confusion publique m'auroit détourné du mal, & l'insolence de mon orgueil étoit trop satisfaite d'avoir su l'éviter. Ah, Seigneur, auriez-vous été trop vengé de cet outrage, quand vous m'auriez exposé sans ménagement au mépris de tous les hommes! Est-ce par colère ou par bonté, que vous m'avez tant de fois épargné ce déplaisirs ? Mon Dieu, je sai que d'autres motifs bien plus purs doivent me faire détester le péché, si j'ai un cœur vraiment chrétien : mais ne m'épargnez pas dès-à-présent la juste peine qui lui est due, & ne me faites point une grace dont je puis encore abuser. Déshonorez moi, si j'ose vous déplaire & vous déshonorer vous-même, afin que la confusion du péché m'aide à haïr son injustice ; qu'elle m'apprenne à craindre l'infamie dont il doit éternellement couvrir le pécheur, & que cette crainte mêlée d'amour, me tienne dans le respect qu'un enfant doit à son père.

DE L'EVANGILE.

Alors on verra le Fils de l'Homme venir sur une nuée avec une grande puissance & une grande majesté. Luc 21.

AVec quelque appareil & sous quelque forme que le souverain Juge vienne à nous, sa présence ne pourra que nous effrayer si nous sommes coupables. Eh ! qui peut se flatter de ne l'être pas ? L'homme seul avec Dieu seul, pécheur mis devant ses propres yeux, c'est la plus redoutable menace qu'on puisse lui faire. Pour mettre, dès-à-présent, le comble à ses malheurs, il ne faudroit que le forcer à se voir incessamment tel qu'il est. Nous naissons tous avec un amour inaltérable de la justice ; & c'est de-là que vient le cri de la conscience qui se fait entendre malgré nous, rien n'eſt capable de l'étouffer entiérement, quelque effort que l'on faſſe pour ſe donner le change. Le monde n'a point d'objets aſſez intéreſſans ni aſſez touchans, pour dédommager un cœur du déplaiſir de ſe ſentir coupable : & un pénitent même, vivement pénétré de ſon péché, ſuccomberoit à ſa douleur, ſi l'eſpérance conſolante du pardon ne le ſoutenoit. Mais en ce monde on eſt ingénieux à s'étourdir ſur ſon état. L'homme oublie, autant qu'il peut, ce qu'il eſt, & il l'ignoreroit même totalement s'il le pouvoit ; il ſe diſſimule ſon injuſtice ; il n'écoute point ce que le devoir voudroit lui dire ; il craint d'entendre la vérité ; il ſort de lui-même, & il ſe fuit.

D'ailleurs, le plaiſir, de quelque nature qu'il ſoit, nous prévient & nous ſéduit : le penchant nous entraîne, l'intérêt nous aveugle, & la paſſion dominante nous emporte. Les derniers écarts qu'on ſe permet, font perdre les premiers de vue : on paſſe d'objet en objet, des vices d'un âge à ceux d'un autre ; le péché même devient léger à nos yeux par l'habitude de le commettre : une ſecrette illuſion s'empare de l'eſprit ; l'amour propre ſe flatte ; &, plus on eſt devenu coupable par l'habitude, moins on croit l'être. On ſe forme une conſcience favorable à ſes deſirs pour vivre en paix ; en écartant les remords, on vient à bout de ſe perſuader qu'on ne fait point de fautes eſſentielles, ou

du moins on compte fur des excufes, & on fe
pardonne fur différens prétextes, fans examiner s'il ne font pas plus criminels que le mal
même qu'on veut excufer. Voilà les reffources que chacun trouve dans fa propre dépravation, pour fe calmer après le violement de la
loi. Mais Dieu brifera l'appui de la fauffe confiance du pécheur : il ne veut pas fe voir & il
fe verra ; il fe verra & il fe haira : accufé par
fes propres penfées, & tourmenté par fes remords, il deviendra lui même le plus affreux
appareil de fon jugement, & fon fupplice le
plus cruel. C'eft une réparation qu'il fera dans
ce moment à la Vérité éternelle, un hommage
public qu'il doit d'abord à la préfence de fon
Juge ; & c'eft pour cela que ce Juge fuprême
voudra paroître avec fi une grande pompe &
un éclat fi digne de lui.

P R I E R E.

QUi prétendez-vous donc, Seigneur,
effrayer par tant de majefté ? Voulez-
vous montrer votre puiffance contre une
feuille que le vent emporte, contre une paille
féche qui fe réduit en poudre ? Hélas ! qui
pourra feulement fubfifter devant vous, quand
vous viendrez juger le monde dans la rigueur
de votre juftice ? Vous n'auriez, pour m'anéantir, qu'à me reprocher les péchés de ma jeu-
neffe, qu'à me montrer toutes mes mauvaifes
œuvres dans le livre de ma vie. Cendre &
pouffiere, que répondrois-je à mon Seigneur ?

Oferois-je feulement ouvrir la bouche pour ma défenfe ? Ah ! Seigneur, n'attendez donc pas le dernier jour pour entrer en jugement avec votre ferviteur ; je fuis perdu fi vous différez jufques-là. Accufez-moi dès-à-préfent au tribunal de ma confcience ; accufez-moi toujours, & pourfuivez-moi par votre miféricorde jufqu'à ce que je fois d'accord avec vous & avec votre loi. Forcez-moi, par votre lumière, à prononcer contre mes fautes dans toutes les règles de la vérité ; faites-les-moi punir avec toute la juftice de l'équité, afin qu'après m'être ainfi jugé moi-même, je ne craigne plus d'être jugé de vous, & que, felon votre parole, je ne reçoive de votre part qu'un jugement favorable.

POUR LE MERCREDI.

DE L'EPITRE.

Prenons des armes ou des ornemens propres à la lumière, & paroiffons avec toute la décence qui convient au grand jour. Rom. c. 13.

A Ne confulter que la raifon feule, rien n'eft plus vain dans les hommes, que le foin d'orner & de parer leurs corps ; puifque cet extérieur n'ajoute rien à leurs vrais mérites, comme il ne diminue rien de leurs véritables défauts. Il eft vrai qu'étant faits pour la gloire, cet inftinct nous rend naturellement attentifs à tout ce que nous croyons pouvoir nous relever en quelque sorte ; mais nous oublions malheureusement, que n'ayant conservé de toute notre grandeur, que le sentiment qui nous la fait desirer, nous la cherchons sans la connoître, & nous croyons la trouver, au moins en partie, dans tout ce que nous empruntons du reste de la nature. Misérable illusion, qui nous amuse, & qui fait voir trop clairement, jusqu'à quel point le péché nous a dégradés ! L'erreur des autres nous confirme dans notre méprise ; nous voulons, par quelque endroit, attirer leurs regards ; nous craignons de leur déplaire ; nous consultons leur goût, nous cédons au préjugés, & nous nous accommodons à l'usage, tel qu'il puisse être, sans beaucoup d'examen. Est-ce vanité pure ? Oui sans doute, & vanité pleine de folie, dans tous ceux qui oublient que les ornemens dont ils se chargent, ne leur sont pas moins étrangers que s'ils ne les avoient pas.

Voilà de quoi l'on convient sans peine, quand on y fait un peu de réflexion, & qu'on en juge sérieusement, comme nous avons dit, par les seules lumières de la raison. Mais si l'on consulte la Religion & la sainteté de ses maximes, ce qui n'est qu'une vanité indigne de la noblesse de l'homme, est un sentiment prophane, charnel, & très-opposé à la dignité du chrétien. Toujours attentif à celui dont il est l'image & le temple, il doit se souvenir que rien ne le pare aux yeux de Dieu, que ce qui le rend meilleur; & que tout ce qui n'orne que le corps, n'eſt pas digne des regards de celui qui voit le cœur. Il doit ſe ſouvenir que l'engagement contracté par le Baptême , & que les Peres appellent le plus grand de tous les vœux , porte avec ſoi des conditions très-ſévères ſous peine de ſalut; que le renonce-ment aux pompes de ſatan & à l'eſprit du monde, s'étend bien plus loin qu'on ne penſe communément , & qu'à meſure qu'on parti-cipe à cet eſprit par le ſimple extérieur même, on dégénère de la qualité d'enfant de Dieu. Que ſeroit-ce donc , ſi des perſonnes double-ment conſacrées par leur état, avoient quel-que juſte reproche à ſe faire ſur ce point? Si des hommes dont la vie doit être toute évan-gelique, démentoient la ſainteté de leur pro-feſſion par quelque dehors tant ſoit peu mon-dain? Et de quel eſprit pourroit venir la moin-dre conformité qu'ils auroient là-deſſus avec les enfans du ſiécle? En faut-il davantage, quoiqu'on en penſe , pour bleſſer l'honneur ſi délicat du Sacerdoce, & pour mériter mê-me de perdre la grace de l'impoſition des mains? L'amour-propre , & un reſte de l'eſ-prit d'orgueil, ne manquent pas de ſuggérer mille frivoles prétextes pour juſtifier certains dehors : mais l'exacte (ne nous flattons pas) l'infléxible Vérité ne les condamne pas moins ſévèrement; & nous ne pouvons rien contre elle. Rapprochons-nous fans ceffe du grand modèle, pour le dehors comme pour le dedans; examinons de bonne foi, fi, dans nos manières & dans tout notre extérieur, nous fommes dignes d'être avoués par Jefus-Chrift : s'il reconnoît en nous cet air de fimplicité, de modeftie & de pauvreté, qui parurent fur fa perfonne adorable durant les jours de fa vie mortelle. Nous fommes par préférence des vafes d'honneur, des enfans de lumière ; appliquons-nous à revêtir notre ame de la juftice, & à l'embellir de toutes les vertus : c'eft-là la décence vraiment eccléfiaftique ; c'eft-là cette bienféance avec laquelle nous devons paroître la nuit comme le jour, parce que nous ne favons pas à quelle heure notre maître doit venir.

PRIERE.

HEureux donc celui qui veille , & qui garde fes habits, dit S. Jean, pour ne pas s'expofer au danger d'être furpris dans une nudité honteufe. Infpirez-moi, Seigneur, la crainte qu'eut le premier homme de paroître ainfi devant vous; mais que cette crainte foit accompagnée de plus de fageffe : que je ne m'amufe pas, comme il fit, à me couvrir de feuilles de figuier, à m'occuper d'ornemens ou d'habits qui ne cachent point ma honte à vos yeux. Oui, je fens bien ce qui bleffe en moi vos regards: c'eft l'orgueil, c'eft le péché qui m'a dépouillé de vos graces. Daignez

me

me les rendre, ô mon Dieu. Revêtez-moi, non pas comme Adam, de la peau d'un vil animal, mais de toute la beauté de l'innocence dont vous l'aviez orné, & que rien de prophane, dans tout mon extérieur, ne la déshonore jamais à vos yeux.

DE L'ÉVANGILE.

Quand ces prodiges commenceront d'arriver, levez la tête & regardez en haut, parce que votre délivrance approche. Luc. c. 21.

CE sont nos mœurs qui décideront de nos sentimens au dernier jour. Selon la mesure de notre négligence ou de notre fidélité, la venue de notre Maître sera le sujet de notre désespoir, ou celui de notre confiance : c'est le temps de toutes choses, c'est à dire, de la récompense aussi-bien que celui du châtiment. Quelle joie pour le juste, de se voir alors affranchi de toutes ses misères, & délivré de la servitude ! Il n'est point ici-bas de liberté parfaite ; tout est encore, en quelque sorte, esclave dans ceux-mêmes où le péché ne domine plus : S. Paul en est un exemple, & ses paroles sur cela sont connues. La faim & la soif de la justice augmentent dans un cœur chrétien à mesure qu'il l'aime. Plus on a de fortes idées du souverain bien, plus on le desire, & plus on sent la peine de ne pouvoir, au moins, s'en occuper uniquement, tandis qu'on n'en jouit pas. Eh, de combien de pensées frivoles,

inutiles, dangereuſes, diſſipantes, notre eſprit
eſt-il rempli malgré nous ! Combien de fan-
tômes vains ſe ſuccédent dans notre imagination ! Que de ſecrettes cupidités ſollicitent
notre cœur, & tourmentent notre ame ! Retenue dans la chair, & ſujette à recevoir les
impreſſions des objets ſenſibles, elle ne s'é-
leve qu'avec quelque effort vers ceux qui ſont
inviſibles : ſon penchant pour la créature l'y
rappelle ſans ceſſe, & ne lui permet pas de ſe
livrer toute entière à la contemplation de ſon
Dieu. Les ſeules néceſſités de la vie, à combien de ſoins & de diſtractions nous aſſujettiſ-
ſent-elles ! Que de momens précieux elles
nous dérobent ! De quel joug elles accablent
tous les enfans d'Adam ! Par combien de liens
différens elles les attachent à ce qui doit périr !
Tel eſt le triſte aſſerviſſement qui fait gémir
les Saints ici-bas ſous le poids de leur chair,
& qui doit nous donner de l'impatience pour
le moment où Dieu nous rappellera de cette
vallée de larmes. Ce ſentiment doit être comme naturel à une ame chrétienne qui connoît
ſa deſtinée ; & rien ne doit être capable de le
modérer en nous. Nos progrès dans la piété
peuvent le rendre plus vif, mais il ne faut pas
que nos imperfections le rallentiſſent ; elles
doivent ſervir au contraire à nous rendre plus
ſenſible & plus péſant le miſérable joug de
notre ſervitude : & c'eſt parce que nous ſommes plus eſclaves, que nous devons ſou-

pirer plus ardemment pour notre liberté.

PRIERE.

QUE ceux qui ne ſentent point la péſanteur de leurs chaînes, ſe plaiſent donc,
Seigneur, dans le lieu de leur captivité ; qu'ils
conſentent à demeurer dans leur priſon, à la
trouver agréable, & à vivre parmi les habitans
de Cédar ; qu'ils chantent tant qu'ils voudront
ſur les fleuves de Babylone, comme d'indignes Iſraëlites, & qu'ils paroiſſent ſe réjouir
d'être bannis, avec tant d'autres, du ſein de leur
patrie : pour moi, je ne ceſſerai point de lever
les yeux vers le Ciel, & de ſoupirer pour ma
délivrance ; je me réjouirai de tout ce qui me
l'annoncera, de la rapidité de mes années, des
infirmités d'une nature défaillante, & de la
caducité de l'âge. J'aurai beſoin de toute ma
patience pour vivre, & les approches de la
mort ne me cauſeront que de la joie. Ce ſont
vos paroles, Seigneur, qui commencent à
produire en moi des ſentimens ſi conformes à
ma foi ; daignez les y fortifier par l'impreſſion
continuelle de votre grace : &, puiſque j'ai la
confiance, que vous m'inſpirez vous même des
deſirs ſi juſtes & ſi ſaints, ne différez pas de
les contenter, pour conſommer en moi vos
miſéricordes. Venez, Seigneur, venez, &
ne tardez pas.

POUR LE JEUDI.
DE L'ÉPITRE.

*Evitez l'intempérance dans les repas, & dans
l'usage du vin.* Rom. c. 13.

CE seroit sans doute une double honte
pour les Chrétiens, de tomber dans les
excès que les bêtes ne connoissent pas, & qui
mettroient l'homme au dessous d'elles. Il ne
faudroit souvent que nous envoyer à leur exemple pour nous faire des leçons de tempérance: nous verrions qu'elles sont & plus mo-
dérées dans les besoins de la nature, & plus
fidèles à se contenir dans les bornes de ses
loix. Elle parle toute seule, quand on sait &
qu'on veut l'entendre: nous voyons la fin que
son Auteur s'est proposée, en nous assujettissant à l'usage des alimens; & la simplicité de
ses desseins est trop bien marquée pour la méconnoître: c'est uniquement la conservation
& le soutien du corps. Nous aurions de quoi
douter de sa sagesse, s'il nous disoit qu'il avoit
d'autres vues que celles qui sont les suites naturelles de ce qu'il a fait: &, si nous ne pouvons lui en attribuer d'autres en le croyant sage; comment pourrions-nous nous écarter de
celles qu'il nous a marquées, & nous croire
innocens? Il est vrai que pour rendre la nécessité des alimens moins onéreuse, Dieu y

attache l'agrément des faveurs ; mais par notre dépravation, ce qui n'a été donné que pour
la facilité de l'ufage légitime, eft devenu la
tentation journalière de l'abus. On aime le
plaifir pour le plaifir même ; on en oublie la
fin : & d'un penchant qui n'a rien dans fon
fond que de bien ordonné, on s'en fait une
efpèce de paffion, qui outrage tout à la fois la
nature & la fageffe de fon auteur.

Mettons donc ce dérèglement au rang des
œuvres de ténèbres que nous devons éviter,
d'autant plus que nous ne fommes pas des enfans de la nuit, & que les lumieres de la Religion font venues, pour nous, au fecours de
celles de la raifon. C'eft ici un de ces points
de morale, fur lefquels il feroit infiniment
dangereux de fe méprendre & de fe flatter ;
un de ces points qui eft de pratique plus d'une
fois pour chaque jour de la vie, & qui influe
plus que tout le refte, dans le fond & le plan
de notre conduite : un point par conféquent
fur lequel il importe infiniment de former devant Dieu la plus forte réfolution, & de fe faire
une règle exacte de fidélité. Mais, pour parvenir à la garder, ne perdons jamais de vue,
s'il fe peut, ni l'ufage légitime, ni la véritable
fin de la nourriture corporelle, fur laquelle il
eft rare que les plus fages même & les plus modérés n'aient pas quelque reproche à fe faire.
N'oublions point ce qu'on nous a dit tant de
fois, que la nature toujours contente de peu,

pour se soutenir dans sa vigueur, met à ses besoins des bornes plus étroites qu'on ne pense.
Souvenons-nous que la sobriété, la tempérance, & la mortification du corps sont inséparables de la profession de l'Evangile ; qu'une
frugalité bien soutenue, fut toujours le soutien de la liberté de l'esprit, la semence de
toutes les vertus dans le cœur, la gardienne
de la continence dans le corps, l'honneur des
vieillards, le maître des jeunes gens, l'orne-
ment des Vierges, la qualité propre & naturelle des Ministres de l'Autel, la gloire & la
couronne des Etats.

PRIERE.

CE sera là, mon Dieu, le fruit des paroles de votre Apôtre, si vous daignez
parler efficacement au cœur de tous ceux qui
les lisent ou qui les entendent. Ce fut par elles
que vous achevâtes de fixer un cœur qui n'é-
toit fait que pour vous, & qui croyoit ne pouvoir vivre que de la vie de la chair. Augustin,
touché de votre grace, sentit toute la force de
ces paroles ; elles dissiperent son illusion, en
lui causant une confusion salutaire : & connoissant mieux la destinée de l'homme, il comprit
efficacement, qu'il n'étoit pas créé pour satisfaire son corps ici-bas.

Renouvellez, Seigneur, renouvellez ce
prodige selon l'étendue de nos besoins, & ap-
prenez-nous à ne jamais confondre nos desirs
corrompus avec nos véritables nécessités.

Donnez-nous une sainte horreur pour toutes les voluptés & les plaisirs des sens, que votre loi défend ; & dans tout ce qu'elle nous permet, rendez-nous assez sages pour nous renfermer toujours dans la modération de l'usage, sans jamais souhaiter d'autre jouissance que celle de vous-même.

DE L'ÉVANGILE.

Considerez le Figuier & les autres arbres.
Luc. c. 21.

CE n'est pas sans raison que la vérité nous appelle à cette considération. Nous ne sommes pas placés dans le monde comme des spectateurs oisifs, mais comme des disciples avides d'apprendre. Notre premiere école, c'est celle de la nature : Eh, quelles leçons ne nous fait elle pas, quand nous considérons avec quelque attention ce qu'elle opére sous nos yeux ! Tout l'Univers n'est que comme un tableau exposé à nos regards, & un grand livre ouvert pour notre instruction. Chaque créature a pour nous son langage : c'est la vraie sagesse de l'écouter & de savoir l'entendre. Le jour & la nuit qui s'annoncent tour à tour ; les saisons qui se succédent régulierement, les années qui se terminent ; une fleur qui s'ouvre le matin, qui se flétrit à midi, qui tombe le soir & se séche ; un arbre qui pousse les feuilles au Printems, qui paroît l'Eté chargé de fruits, qui s'en dépouille en Automne, qui reste nud & comme mort durant tout l'Hyver : ce sont autant d'images naïves de la vie de l'homme & de sa derniere destinée. Tout passe sous le Soleil ; tout nous avertit que le temps s'abrége, que chaque pas nous méne droit au tombeau, & que nous avançons vers l'éternité.

Considérons donc le Figuier & les autres arbres, nous dit le Sauveur ; étudions, avec une attention sérieuse & suivie, toute la face du monde, & ses divers changemens : les uns sont les présages des autres, & nous prédisent bien clairement, que le nôtre n'est pas éloigné, que celui qui doit venir nous juger, est à notre porte, & que nous devons nous tenir toujours prêts à lui ouvrir. Imitons fidélement ce que nous voyons. La vie de la grace & de la justice a ses âges & ses saisons : malheur à celui qui attend, pour en porter des fruits, le froid de l'Hyver, où tout est stérile & comme mort ! Heureux celui qui ménage scrupuleusement ces différens âges ; & ne les laisse pas inutilement couler ! Heureux l'Œconome qui séme avec soin dans la saison propre, pour moissonner avec joie, & pour se faire des ressources dans les jours mauvais ! Que l'amour de la vertu germe donc dans nos cœurs dès le Printemps de nos années, ou du moins durant les restes incertains qu'il plaira à Dieu de nous en laisser encore ; qu'elle y croisse, qu'elle y fructifie, qu'elle y parvienne à sa juste maturité, tandis

que le temps eſt favorable. Conſidérons, dans
l'Evangile, ce Figuier maudit qui ſéche, &
qui ne portera jamais de fruit; conſidérons-y
celui qu'on menace d'arracher s'il n'en porte
bien-tôt. Une telle malédiction & une telle
menace ſont terribles dans la bouche de la vérité. Conſidérons tout, ſachons profiter de
tout, & craignons que Dieu ne nous reproche
un jour d'avoir endurci notre cœur à tant de
voix par leſquelles il nous parle dans le monde.

P R I E R E.

OUI, Seigneur, je ſerai déformais plus
attentif à ce langage muet de vos créature. C'étoit par elles que vous parliez aux
premiers hommes, que vous les inſtruiſiez de
leurs devoirs, que vous leur annonciez vos jugemens. Ils ont été ſourds à cette voix; ils ne
vous ont ni reconnu, ni glorifié dans vos ouvrages : & vous ne les en avez pas trouvés
moins inexcuſables. Que ſera-ce de ceux qui
ſont plus inſtruits, & à qui vous daignez parler plus clairement ! Ouvrez donc vous-même, Seigneur, ouvrez mes yeux pour voir,
& mes oreilles pour entendre; afin que tant
d'objets qui n'ont pas même attiré mes attentions, ou qui n'ont fait juſqu'ici que m'amu-
ſer, ne ſervent déformais qu'à me donner plus
de vigilance & de fidélité.

POUR LE VENDREDI.

DE L'ÉPITRE.

Revêtez-vous de Jesus-Christ notre Seigneur.
Rom. c. 13.

SE revêtir de Jesus-Christ, c'est le représenter, prendre ses sentimens, imiter sa
conduite, le copier si fidélement, qu'on puisse
dire avec l'Apôtre : *Ce n'est plus moi qui vis,
c'est Jesus-Christ qui vit en moi.* Tel est notre
engagement, & la condition de notre salut.
Dieu nous a proposé son Fils unique pour modèle ; &, à le considérer simplement comme
homme, c'est le seul qui n'ait rien eu des foiblesses de l'humanité. Jamais il ne parut se laif-
ser conduire à l'attrait du plaisir ; jamais il ne
montra d'empressement pour la gloire & pour
les grandeurs du siècle ; il en aima si peu les
biens, qu'il ne daigna pas y rien posséder.
L'unique bonheur qui peut remplir, & qui
doit combler les desirs d'une ame immortelle,
c'étoit là tout l'objet où ramenoient sans cesse
ses discours comme ses exemples. S'il conver-
soit parmi les hommes, s'il se prêtoit à leurs
besoins, ce n'étoit que pour les rendre plus
attentifs ou plus dociles à ses instructions ; &
ses instructions ne tendoient qu'à leur faire rechercher le Royaume de Dieu, qu'à leur apprendre à garder ses loix, à le préférer à tout

fans exception ; qu'à leur découvrir ce qu'ils devoient efpérer ou craindre dans une autre vie.

Ainfi l'état du monde préfent, fes affaires, fes mouvemens, fes avantages, ne lui paroiffoient pas dignes de fes attentions & de fes entretiens. Il n'y mêloient rien qui reffentît la curiofité, rien de ces études qui ne font qu'amufer l'efprit, & produire des queftions inutiles. Il ne rappelloit quelquefois fes difciples aux connoiffances de la nature, que pour én tirer des maximes propres à former les mœurs. Il ne vouloit faire ni des favans, ni des politiques : il cherchoit à réformer & à convertir les hommes plutôt qu'à s'en faire admirer. Il ne fe montroit grand que par fon miniftère & pour fon miniftère même ; du refte il fuyoit l'éclat : auffi peu fenfible à l'eftime des hommes qu'à leurs mépris, il ne favoit ni les flatter, ni les craindre. Il regardoit la mort comme un facrifice qu'il avoit à faire à la juftice de fon Pere, & ne connoiffoit rien de meilleur que de ceffer de vivre. Etudions-le donc fans ceffe. Confidérons ce qu'il étoit, & ce qu'il feroit encore dans chacune des circonftances où nous nous trouvons. Rempliffons-nous de fon efprit : propofons-nous, à fon exemple, l'Eternité, comme le point de vue où toute notre vie doit fe rapporter : ayons fa modération, fon humilité fon détachement, fa douceur, fa bonté, fa patience, afin que la fainteté de fes difpofitions paffe de notre cœur dans nos œuvres, & que toute notre conduite ne refpire que l'innonce & la pureté de fes mœurs.

PRIERE.

JE vous entends, Seigneur, qui me prefcrivez ces devoirs. Faites, me dites-vous comme à votre ferviteur Moyfe, felon le modèle qui vous eft montré. Mais parce que la lumière feule ne me fuffit pas, faites-vousmême en moi, par votre grace, & donnez-moi de faire, avec elle, ce que vous me commandez. Répandez dans mon cœur l'efprit de votre faint Fils Jefus; que je l'imite fidélement en tout ce qui fait en lui l'objet de vos complaifances, afin que par ma reffemblance avec ce premier né, devenu mon chef, je mérite, en devenant un de fes membres, d'être un jour reconnu pour un de vos enfans, & de partager avec lui vos bénédictions éternelles.

DE L'ÉVANGILE.

Cette génération ne finira point, que tout ce que je vous prédis ne foit arrivé. Luc c. 21.

IL y auroit de la folie à fe flatter de furvivre à tout ce qu'il y a d'hommes aujourd'hui fur la terre. L'amour de la vie la fait toujours imaginer longue; on s'enfonce dans l'avenir; on y porte fes différens projets; on mefure fes efpérances fur fes defirs: mais aucun ne fe flatte d'échapper au dernier coup qui doit le frapper & finir ſes jours : c'eſt une deſtinée commune où perſonne ne s'aviſe de chercher la moindre exception. L'expérience conſtante de notre mortalité ne nous permet pas de nous croire exempts de la néceſſité de mourir ; & nous n'avons pas plus de droit au privilége de vivre les derniers, qu'à celui de toujours vi-vre. L'illuſion de l'eſprit humain n'eſt jamais allée juſques-là ; & le plus groſſier de tous les hommes en ſait autant là-deſſus que le plus ſavant.

Il n'eſt donc perſonne qui ne doive ſe dire à ſoi-même, que cette génération ne finira point ſans que tout ſoit arrivé pour lui. A quoi s'amuſe la curioſité, de rechercher s'il s'agit, dans la prédiction de Jeſus-Chriſt, de la ruine de Jéruſalem, ou de celle de l'Univers ? Que la fin du monde arrive quelques ſiécles plutôt ou plûtard, rien n'eſt différé pour Dieu, & mille ans ne ſont devant lui que comme un jour. D'ailleurs, ce n'eſt pas à nous de ſavoir les temps & les momens dont il s'eſt réſervé le ſecret ; & nous ne devons pas prétendre être plus privilégiés que les Apôtres mêmes. Ce qu'il y a de bien certain, c'eſt que tout ce qui doit avoir une fin n'eſt pas long ; que le torrent des choſes créées s'enfuit avec rapidité ; que tout eſt emporté par des inſtans qui s'envolent avec vîteſſe ; que le jour du Jugement de Dieu viendra toujours trop tôt pour ceux qui ne l'attendent point. Oh ! que les pécheurs ſen-

tiront alors, mais trop tard, combien la durée
d'une vie qui passe est courte, combien est
étrange l'erreur qui s'appuie follement sur des
momens successifs, & la fausse consistance
qu'on a voulu donner à une modique portion
de temps, dont il faut nécessairement sortir
pour être fixé dans une éternité! Voilà donc
la vérité qui nous intéresse ici, & dont la conviction ne peut être en nous trop intime : c'est
que, quoique nous fassions, & quels que nous
soyons, l'espace de nos jours est renfermé dans
des limites bien étroites ; que nous touchons
réellement à notre derniere heure ; qu'il n'y a
qu'un pas entre la mort & nous; & qu'enfin
Dieu nous a marqué des bornes que nous ne
passerons pas d'un seul instant. Est-il sage, est-
il raisonnable de perdre le peu de temps qui
nous reste, à deviner si celui qui ne nous sera
pas donné, doit être bien long? Eh! des criminels, incertains de leur sort dans le fond
d'un cachot, s'amuseroient-ils ainsi du court
intervalle qui est entre leur prison & leur ar-
rêt, s'il ne leur étoit donné que pour travailler à éviter le dernier supplice?

PRIERE.

AYez pitié de mon aveuglement, Seigneur. Hélas! à quoi me serviroit d'a-
voir prévu le dernier jour du monde, si je n'y
dois pas arriver? Quand vous m'auriez promis
quelque connoissance de l'avenir, la grace
que j'aurois à vous demander, ce seroit de me

faire connoître ma fin, de m'apprendre le nombre des jours que vous avez résolu de m'accorder ; je saurois du moins combien il m'en reste encore à passer sur la terre. Mais vous avez prévû, mon Dieu, qu'il me seroit plus avantageux de l'ignorer ; & vous ne me cachez le dernier jour, que pour me les rendre tous utiles. Vous connoissez ma paresse, & vous n'avez pas voulu m'exposer à la tentation de la négligence. Je vous en bénis, Seigneur ; daignez me faire entrer dans les vûes de votre bonté ; que l'incertitude où vous me laissez, me défende des illusions d'une fausse espérance, & que je ne me promette jamais assez de vivre, pour oublier un seul moment que je dois vous rendre compte de tout.

POUR LE SAMEDI.

DE L'EPITRE.

Revêtez-vous de Jesus - Christ notre Seigneur.
Rom. c. 13.

CE que nous n'avons consideré qu'en général le jour précédent, a dû nous apprendre ce que c'est que de nous revêtir de Jesus-Christ ; mais jettons encore aujourd'hui les yeux sur cet adorable objet. Eh ! quel autre sur la terre fut jamais plus digne de toute notre attention ? Souvent, peut-être, & trop souvent, notre foi foible & chancelante, est tentée de se scandaliser de sa bassesse apparente, parce que nous le cherchons dans la splendeur qui ne lui convenoit point ici-bas, & non dans celle que demandoit le dessein de sa mission. Il étoit envoyé pour donner aux hommes, tout ensemble, des leçons & des exemples de vertu; pour leur apprendre la nature des vrais biens, & la fragilité de ceux qui passent; pour établir un culte plus digne de l'Etre parfait, & lui former de vrais adorateurs; pour remettre les péchés du monde; pour corriger, par sa naissance, les vices de la nôtre, & nous préparer des secours salutaires, soit pour nous garantir, soit pour nous relever de nos chûtes. Oh, que Jesus-Christ paroît grand dans cet ordre qui lui est propre ! Il ne lui servoit de rien de se montrer environné de la pompe mondaine, & de venir en Roi, quoique lui seul méritât de l'être. Cette espéce de grandeur étoit étrangère à sa destination. Il devoit être Saint, & former des Saints : & jamais homme n'a porté si haut la perfection des mœurs, ni celle des préceptes.

Envisageons-le un moment dans ses discours, où brille, avec une aimable simplicité, l'éclat le plus vif de la sagesse. Quels traits de grandeur ! Quelle lumière ! Sa parole est sans art ; mais ses idées sont sublimes & admirables : l'esprit humain qui les suit, éprouve, en les suivant, un ravissement inconnu. Lui seul n'en paroît pas surpris ; il est plein des mystéres d'en haut, mais il n'en est pas ému comme les autres mortels à qui Dieu se communique. Il en parle sans effort ; la vérité lui est familiere ; il est visiblement né dans le secret qu'il révéle aux hommes ; souvent même il est contraint de tempérer la hauteur de sa doctrine, & de répandre, avec mesure, ce qu'il a sans mesure, afin que notre foiblesse le puisse porter. Regardons-le dans la candeur & l'innocente uniformité de sa conduite : quel autre, vivant au milieu des hommes & sous les yeux d'une multitude ennemie, a pû dire, sans crainte d'en étre repris : Qui de vous me convaincra de péché ? Et encore : Je suis la lumière du monde ; je suis la Voie ; la Vérité & la Vie. Que cette confiance est majestueuse & digne d'admiration ! Voyons-le encore dans ses œuvres. Elles sont toutes d'un caractère nouveau. Ne prenant de l'humanité que les peines, il ne dispose de la nature qu'à l'avantage des hommes ; ses prodiges appartiennent à l'utile, autant qu'au merveilleux : on croiroit qu'ils naissent de sa bonté plus encore que de sa puissance. Cependant, avec quelle facilité, avec quelle promptitude l'exécution suit sa parole ! Un instant, un regard, un attouchement de sa main, un signe rapide lui suffit. Il sort de lui un pouvoir & une vertu efficace dont il semble qu'il ne peut retenir la plénitude ; il n'en suspend & n'en arrête enfin les effets, que dans une seule occasion : c'est celle de son sacrifice volontaire, pour ne pas éviter le genre de mort qu'il a choisi, & pour permettre à son amour de le faire expirer sur une croix comme la victime du salut des hommes. Ah ! certainement, n'eussions-nous aucun intérêt à le dire, toujours faudroit-il reconnoître que le monde n'a jamais vû d'exemple d'une grandeur si soutenue dans l'ordre de la sagesse, de la puissance, & de la sainteté.

PRIERE.

OUi, mon adorable Sauveur, cette grandeur m'accable, & je ne puis l'envisager qu'avec une respectueuse frayeur, mêlée pourtant d'une joie intérieure qui me ravit : Que ne puis-je m'en occuper dans tous les instans ! Hélas ! Et pourquoi les nécessités de la vie ne me permettent-elles pas de m'absorber tout entier dans la contemplation de vos divines perfections ? Ah, Seigneur ! ayez pitié de ma misére ; remplissez-moi de vous autant que mon état de foiblesse le peut porter ici-bas : que je ne voie désormais sur la terre rien de grand que vous ; rien de sublime que votre doctrine ; rien de vrai que votre Evangile ; rien de juste & de sage que vos saintes loix ; rien d'aimable que vos vertus & vos exemples ; rien de digne de tout le retour de mon cœur, que votre amour excessif pour moi ; rien de nécessaire enfin, que le bonheur de vous appartenir ici bas par votre grace, avec la confiance d'être un jour consommé en vous dans votre gloire.

DE L'EVANGILE.

Le Ciel & la Terre paſſeront, mais la vérité de mes paroles ne paſſera pas. Luc. c. 21.

QUel fond de réflexions pour notre foi! Tout eſt également invariable dans les paroles du Seigneur. Ce que Jeſus-Chriſt dit de ſes prédictions, il le dit de ſes maximes. Le Ciel & la Terre paſſeront plûtôt, qu'une ſeule lettre ou qu'un ſeul point de la Loi ſoit changé. Toutes les obligations qu'il nous fait, ne ſont pas moins immuables que lui-même; ce ſont autant de ſuites néceſſaires d'un principe éternel; autant de parties eſſentielles d'un droit inaltérable; autant de decrets d'une raiſon ſouveraine, par laquelle tout eſt juſte, qui veut que l'ordre ſoit inviolablement gardé, & qui défend qu'on le trouble.

Peut-on le croire & vivre dans un relâchement volontaire & habituel? Peut-on le croire, & compter pour rien ce qu'on appelle petites fautes, & les mutiplier ſans ſcrupule, & s'en promettre l'Impunité? Hélas! Quelles fauſſes idées on ſe fait de la juſtice du ſalut! Il eſt trop dur, à la vérité, d'y renoncer abſolument, & on ne ſe pardonneroit pas d'en négliger tout-à-fait les devoirs: mais il en coûteroit trop à l'amour propre, dit-on, pour les remplir à la rigueur. On ne ſe livre donc pas à tout ſon penchant; mais un peu de violence qu'on ſe fait, raſſûre ſur celle qu'on ne ſe fait pas.

C'est une bifarre compenfation de bien & de mal, de négligence & de fidélité : on croit avoir affez de vertus, parce qu'on a peu de vices : on fe figure un fentier de juftice entre le crime & l'innocence : on n'eft ni fans reproche, ni fans excufe : on donne à fa lâcheté le nom d'impuiffance : on fe perfuade qu'il y auroit en Dieu de la cruanté, d'exiger de nous tant d'exactitude avec une fi grande foibleffe : enfin, on fe promet tout de fon indulgence ; & on ne fonge pas que, par une efpèce de blafphême, on l'oppofe à lui-même, qu'on le fait injufte, pour l'imaginer plus miféricordieux. Où nous conduit une fi folle illufion. Fermons les yeux tant que nous voudrons à la lumière, en aura-t'elle moins d'éclat ? Que gagnerons-nous à croire les vérités de Dieu moins inaltérables, & fa juftice moins infléxible ? Nos lâchetés changent-elles nos engagemens ? Excuferont-elles nos prévarications ? Dieu fe mefure-t-il fur les idées de fantaifie, que le fond de notre corruption nous infpire ? Sera-t'il femblable à nous, parce que nous le penfons & que nous le defirons ainfi ? Imiterat'il l'homme foible ou capricieux, qui relâche de fes droits felon qu'il s'y trouve emporté par fon penchant, ou détourné par fon intérêt, ou forcé par fon impuiffance ?

P R I E R E.

AH, Seigneur, que de folies tout à la fois dans l'efprit humain ! Eh, que vous

confondrez un jour tant de vaines espérances!
Ne me laissez donc jamais oublier, que ce sera
dans votre équité que vous jugerez le monde!
Que je ne regarde pas vos commandemens
comme des régles arbitraires; que je ne juge
point votre loi selon mon caprice, puisque
dés-là, je n'en suis plus l'observateur; que je
ne croie point que vous me défendez ce que
vous pourriez me permettre, ou que vous me
prescrivez des devoirs dont vous pourriez
m'affranchir; que je me souvienne enfin, &
que je me redise sans cesse, que vous êtes
Dieu, & que vous ne changez pas. C'est à moi
de sentir devant vous toute ma foiblesse, &
de confesser avec confusion l'opposition injuste
de la loi de ma chair à celle de votre esprit;
mais c'est à moi aussi de reconnoître que votre
grace est plus puissante que mon infirmité;
que vous l'accordez à une prière humble &
fervente; &, qu'en nous faisant vos commandemens, vous accordez vous-même, par miséricorde, ce que vous commandéz, pour couronner ensuite, par justice, vos propres dons
dans nos mérites. C'est la promesse consolante
que vous nous avez faite, & sur laquelle je dois
compter sans hésiter, comme sur un fondement
inébranlable. Car, si les paroles de sévérité
qui sont sorties de votre bouche ne passeront
jamais; les paroles de bonté ne seront pas
moins inviolables. Vous compterez aux impénitens jusqu'aux moindres transgressions de

votre loi; mais vous ne m'imputerez point des fautes réparées par la pénitence. Inspirez-m'en l'esprit, ô mon Dieu! c'est tout ce qu'il me faut; & opérez-en vous-même les œuvres en moi, afin que je ne trouve que de la consolation dans l'immutabilité de vos paroles.

II. SEMAINE DE L'AVENT.

Epître de S. Paul aux Romains. ch. 15.

MEs freres, Tout ce qui est écrit, est écrit pour notre instruction, afin que nous concevions une espérance ferme, par la patience & la consolation que les Ecitures nous donnent. Que le Dieu de patience & de consolation vous fasse la grace d'être toujours unis de sentiment & d'affection les uns avec les autres, selon l'esprit de Jesus-Christ; afin que, d'un même cœur & d'une même bouche, vous glorifiiez Dieu le Pere de Notre Seigneur Jesus-Christ. C'est pourquoi unissez-vous les uns avec les autres, pour vous soutenir mutuellement, comme Jesus-Christ vous a unis avec lui pour la gloire de Dieu. Car je vous déclare que Jesus-Christ a été le dispensateur & le ministre de l'Evangile à l'égard des Juifs circoncis, afin que Dieu fût reconnu pour véritable par l'accomplissement des promesses qu'il avoit faites à leurs peres. Et quant aux Gentils, ils n'ont à glorifier Dieu que de sa miséricorde, selon qu'il est écrit: C'est pour cette raison, Seigneur, que je publierai vos louanges parmi les Gentils, & que je chanterai des cantiques à la gloire de votre nom. Il est encore écrit: Réjouissez-vous, Gentils, avec son peuple. Et ailleurs: Gentils, louez tous le Seigneur, peuples, glorifiez le tous. Isaïe dit aussi: Il sortira de la tige de Jessé un rejetton, qui s'élevera pour commander aux Gentils; & les Gentils efpéreront en lui. Que le Dieu d'efpérance vous comble de paix & de joie dans votre foi, afin que votre efpérance croiffe toujours de plus en plus par la vertu & la puiffance du Saint-Efprit.

Evangile felon Saint Matthieu. ch. 11.

EN ce tems là Jean ayant appris dans la prifon les œuvres merveilleufes de Jéfus-Chrift, il lui fit dire par deux de fes difciples qu'il lui envoya : Eftes-vous celui qui doit venir, ou devons-nous en attendre un autre ? Jefus leur répondit : Allez dire à Jean ce que vous avez entendu & ce que vous avez vû. Les aveugles voient, les boiteux marchent, les lépreux font guéris, les fourds entendent, les morts reffufcitent, l'Evangile eft annoncé aux pauvres, & heureux eft celui qui ne prendra point de moi un fujet de fcandale & de chûte. Comme ils s'en retournoient, Jefus fe mit à parler de Jean, & dit au peuple : Qu'êtes-vous allé voir dans le defert ? Un rofeau agité du vent ? Mais encore, qu'êtes vous allé voir ? Un homme vêtu mollement ? Vous favez que ceux qui s'habillent de cette forte, font dans les maifons des rois. Qu'êtes-vous donc allé voir ? Un Prophéte ? Oui, certes, je vous le dis, & plus qu'un Prophète. Car c'eft de lui qu'il a été écrit : J'envoie devant vous mon Ange, qui vous préparera la voie.

POUR LE DIMANCHE,
DE L'ÉPITRE.

Tout ce qui eft écrit , eft écrit pour notre inftruction. Rom. ch. 15.

ON fait que l'Apôtre parle ici en particulier de ces Livres divins, où l'Efprit de vérité a voulu configner fes oracles, qui forment, dit S. Augustin, comme une lettre que le Pére céleste a adressée à tous les hommes, & qui est destinée sur-tout à l'instruction de chaque fidéle. C'est à nous d'abord de voir l'usage que nous en avons fait jusqu'ici, & à rappeller le compte que nous en rendrons à Dieu. Mais, à prendre ces paroles de l'Apôtre dans une plus grande généralité, pour en faire ici la matiere de nos réflexions, puisque l'occasion s'en présente, on peut bien dire dans un sens très-vrai, que tout ce qui s'est écrit avant nous, est écrit pour nous instruire : heureux si nous en savions profiter ! On ne finit point, en effet, de faire des livres, disoit le Sage, les sujets en sont inépuisables ; & il n'est point d'homme qui ne trouvât en soi-même, ou qui ne pût fournir à d'autres, de quoi remplir plusieurs volumes. Quelle suite d'événemens ! quel enchaînement de réflexions, si chacun de nous avoit pris soin de recueillir ses premieres vûes, ses inclinations, ses amusemens, ses projets, ses entreprises, ses situations, ses inconstances ! On peut dire qu'on y retrouveroit, en petit, toutes les révolutions des Empires & des Républiques, & que ce seroit comme l'histoire abregée de l'Univers. Formons-nous donc la même idée de toutes celles qu'on a recueillies ; regardons-les comme des tableaux de la vie de l'homme, où nous pouvons appercevoir ce que nous avons été ; ce que nous sommes, & ce que nous devons

être :

être; comme des modèles qui nous montrent les traits de perfection qui nous manquent, ou les difformités que nous avons à corriger. Avec cette disposition, tout ce que nous lisons nous devient utile : tout est propre à nous éclairer sur quelque vérité, à nous désabuser de quelque erreur, à nous apprendre des devoirs, à nous inspirer des sentimens, à nous faire éviter des fautes ou prévenir des malheurs. Cherchons à proportion la même utilité dans les autres ouvrages : &, puisque nous ne devons lire que pour notre instruction, ne lisons point ce qui ne peut nous instruire.

Pourquoi donc prend-on si malheureusement le change dans un point sur-tout qui occupe une bonne partie de la vie de certaines personnes? Avouons-le de bonne foi : ce n'est point l'utilité d'une instruction solide que nous cherchons toujours, c'est souvent la vanité, c'est la curiosité, c'est un reste & un fonds de passions déréglées, qui cherchent à se satisfaire; & le motif des lectures décide du choix des livres. On n'a d'avidité que pour ceux qui peuvent orner l'esprit ou flatter l'amour-propre ; peut-être en aime-t-on d'autres plus dangereux ou plus inutiles. On croit les lire innocemment, parce que ce sont des récits feints, & des personnages imaginés; comme si le Prophète ne mettoit pas au rang des iniquités les fables qu'on lui racontoit; comme si ceux qui nous parlent dans les histoires les plus véritables, avoient plus de réalité pour nous. Ce n'est jamais que la voix de l'écrivain que nous entendons; ce n'est pas même sa voix, ce ne sont que des traits muets qui la représentent sur le papier. Ne nous y méprenons donc pas, ce sont les maximes & les actions qui persuadent, & non pas les personnes. On se trompe quand on coit ne se pas gâter l'esprit dans ces dangéreuses lectures, plus encore quand on prétend qu'elles sont capables de le former. Ce n'est pas dans le fumier qu'il faut chercher les perles. Si vous lisez dans une sincère envie de règler vos sentimens & vos mœurs, que n'allez-vous à l'école de la sagesse éternelle, où l'esprit de vérité parle & forme des disciples dignes de lui? Que ne recherchez-vous par préférence les écrits dont les Auteurs ont prévû vos besoins, & vous ont préparé des secours? Que ne les lisez-vous avec l'attention la plus sérieuse & la plus capable de vous imprimer fortement leurs instructions? Si nous nous faisions une habitude de réfléchir beaucoup, les livres nous seroient moins souvent nécessaires; mais les meilleurs sont toujours inutiles à qui ne réfléchit point.

P R I E R E.

POur m'accoûtumer donc, Seigneur, à ne rien perdre de ce que je lis, faites-moi ressouvenir, & persuadez mon cœur, que par tout où je trouve la vérité, c'est vous-même qui daignez me parler ; parce que vous êtes le

Dieu de la vérité, & le dominateur souverain des esprits, qui forme leurs pensées, & qui dirige tous leurs discours. Que cette idée me rende respectivement attentif à vos leçons, par quelque bouche que vous me les donniez ; mais sur-tout que je ne sois pas comme un vase entr'ouvert d'où l'eau s'écoule de toute part : qu'une sérieuse & profonde méditation m'applique à tout ce qui peut m'être utile ; afin que quelque vice corrigé ou quelque nouvelle vue de perfection soit pour moi le fruit des lectures, dont j'aurai un jour à vous rendre un compte rigoureux.

DE L'EVANGILE.

Jean ayant appris dans sa prison les merveilles que Jesus-Christ opéroit, envoya deux de ses Disciples pour lui dire : Etes-vous celui qui doit venir ? Matth. chap. 11.

SAint Jean, par l'état où l'Evangile nous le montre aujourd'hui, est la figure de l'homme pécheur ; &, par sa conduite, il en est le modèle. Tant que nous sommes dans les liens du péché, notre premiere & unique inquiétude doit être de chercher un libérateur. Un prisonnier est-il tranquille dans ses chaînes ? un esclave ne soupire-t-il pas pour sa liberté ? Et de toutes les servitudes, en est-il de plus triste que de vivre sous la tyrannie des passions ? Quel tourment pour un cœur qui connoît ses devoirs & qui voudroit les remplir, de se

sentir arrêté par ses inclinations, de former de
bons desirs, & de les voir souvent suivis par
de mauvaises œuvres ! Nos plus fermes réso
lutions, nos plus sincères efforts, se terminent
quelquefois à des infidélités. Nous voulions
le bien, nous le voulions même, ce semble,
fortement ; & une mauvaise volonté plus forte
nous fait faire le mal que nous n'approuvons
pas. Quelle est l'ame assez sûre de ses mouvemens, pour ne pas craindte d'être trahie
par sa propre foiblesse ? E si les moins imparfaits ne se défendent pas toujours de ces sur-
prises, quel intérêt plus pressant avons-nous
ici-bas, que d'envoyer d'éternels soupirs vers
celui qui peut seul nous affranchir de notre
esclavage, & nous rétablir dans la liberté de
ses enfans.

Malheur donc à nous, si nous portons le
joug de l'iniquité sans en sentir le poids, ou
sans en gémir ! Malheur encore, si nous mettons notre espérance en nous-mêmes, si nous
croyons y trouver assez de vertu pour tenir
contre nos mauvais penchans, ou pour nous
débarrasser des restes malheureux de nos anciennes habitudes ! Il faut y travailler sans
négligence & sans relâche ; puisque c'est en
quoi consiste la vie chrétienne. Il faut nous
étudier, nous observer sans cesse nous-mêmes,
nous faire une loi absolue de tout ce qui peut
achever de rompre nos liens ou les affoiblir ;
nous interdire tout ce qui peut en resserrer

les nœuds, ou nous expofer à de nouveáux engagemens : mais il ne faut ni compter fur fes forces, ni fe décourager de l'inutilité de fes premiers foins. Notre fecours vient d'en haut ; & nous ne devons point ceffer de foupirer & de crier, tant que nous ne ceiferons point d'être efclaves, & que notre rédemption ne fera pas parfaite. La religion, bien entendue, ne nous apprit jamais d'autres leçons; & les Saints, par tous leurs exemples, ne nous ont jamais frayé d'autre route.

PRIERE.

MAlheureux homme que je fuis ! qui me délivrera de ce corps de mort où le péché habite? Qui m'affranchira de ce déplorable afferviffement qui tient mon ame captive fous la loi de la chair & de fes cupidités ! Je fens mon infirmité, Seigneur; mais je vois ma reffource : je fuis fans force de mon propre fond, il eft vrai ; mais je ne fuis pas fans efpérance, & je fai que votre grace me fuffit. Qu'elle ne ceffe donc point d'opérer en moi, je vous en conjure par toute l'étendue & la gratuité de votre miféricorde; qu'elle rompe chaque jour quelqu'un de mes liens ; qu'elle m'arrache à mes attachemens, quoi qu'il puiffe m'en coûter ; qu'elle déracine de mon cœur toutes les mauvaifes affections ; qu'elle en foumette tous les mouvemens à la conduite de votre efprit: afin que, libre de toute autre fervitude, je ne connoisse de joug que celui d'un parfait assujettissement à votre loi.

POUR LE LUNDI.

DE L'EPITRE.

Que notre espérance se soutienne par les motifs de patience & de consolation que les Ecritures nous donnent. Rom. c. 15.

NOus espérons ce que nous ne voyons pas, & nous l'attendons avec patience; mais cette patience n'est pas moins difficile, à nos yeux, qu'elle est nécessaire. La vie présente est pleine d'amertume pour les plus justes; & sans compter les combats intérieurs que l'homme de péché les engage à soutenir ici bas, ils y sont souvent, au dehors, en bute à la malice des pécheurs, à leurs contradictions, à leurs mépris, à leurs insultes, à leurs railleries. Les impies se rient de la simplicité de leur attente, selon l'oracle de l'Ecriture; ils traitent de folie leur maniere de vivre, & la loi qu'ils se font de rejetter tous les plaisirs que le monde leur offre. Il faut, en effet, qu'ils se roidissent contre le penchant de la nature, qu'ils résistent à l'attrait des objets sensibles: la foi les engage à de grands sacrifices, & ne leur montre que de loin leurs dédommagemens. Souvent ils voient les méchans jouir de toutes les prospérités du siécle, tandis qu'ils sont éuxmêmes frappés des plus terribles fléaux. L'in-cocent & le coupable font confondus dans le châtiment public : & il femble, dit le Roi Prophète , que ce foit inutilement qu'on prenne foin de conferver fon cœur & fes mains pures. La vertu, en un mot, à qui feule appartient le privilége de rendre l'homme heureux, ne paroît point jouir de fes avantages ; & la fidélité ne fait quelquefois que conduire à de nouvelles épreuves.

Mais, avec tant de fujets de découragement, il refte une grande reffource à l'ame fidèle ; qu'elle l'apprenne aujourd'hui de la bouche du grand Apôtre; qu'elle ouvre feulement les faintes Écritures, avec ces yeux pleins de foi & de refpect dont elles font fi dignes : par tout elle y rencontre des promeffes, des maximes, des exhortations, & des exemples également propres à la ranimer tour-à-tour. Elle y entend la Vérité éternelle affurer, que ce n'eft que par beaucoup de tribulations qu'on arrive au Royaume de Dieu ; que c'eft par cette voie qu'il à conduit tous fes Elus depuis l'origine du monde ; mais qu'après tout, il y a plus de fageffe que de févèrité dans les privations qu'il nous fait fouffrir. Elle y voit que les biens du temps font plus dangereux que defirables; que les délices de la vie corrompent ceux qu'elles enchantent; que les Grands ne font élevés un moment, que pour être précipités dans de

C iiij

plus profonds abîmes ; que le plaisir du crime est toujours court & funeste ; qu'il vaut
beaucoup mieux être affligé avec les Saints,
que de jouir, pour quelques années, des douceurs meurtrières du péché ; qu'enfin, la perte
du monde entier ne doit point toucher une
ame dont notre Dieu veut bien être la récompense, & qu'il ne nous éprouve que pour nous
rendre dignes de lui. Quels motifs plus capables
de soutenir l'espérance d'un cœur chrétien, &
de le remplir, dès ici bas même, des plus
solides consolations !

P R I E R E.

SOyez donc mille & mille fois béni, Seigneur, du don que vous m'avez fait des
livres saints. Eh ! puis-je élever vers vous des
mains trop reconnoissantes, tandis que vous
m'avez comblé de tant de richesses ? Puis-
je trop estimer ce trésor, où je trouve des ressources dans toutes les disgraces de la vie, &
dans toutes les épreuves de la foi ? Que ne
mérité-je d'avoir ce volume sacré sans cesse
entre mes mains ou sous mes yeux ! Pourquoi
les vérités s'en effacent-elles si promptement
de ma mémoire ? Que votre doigt, mon Dieu,
les écrive donc lui-même ! que votre Esprit
les grave profondément dans mon cœur !
afin que dans toutes mes perplexités, dans
toutes mes alarmes & dans toutes mes peines,
il soit toujours prêt à me donner des réponses
de salut.

DE L'EVANGILE.

Allez dire à Jean ce que vous avez entendu. & ce que vous avez vû : Les aveugles recouvrent la vûe. Matth. c. 11.

LA Vérité a plus d'une route pour paſſer de notre eſprit dans notre cœur, ſi nous l'aimons aſſez pour l'écouter dans les différentes occaſions où elle nous parle. Ce n'eſt pas toujours par des inſtructions publiques ou par des inſpirations ſecrettes, que Dieu nous avertit de nos égaremens, & nous invite de retourner à lui. Les œuvres ont pour nous leur langage, & ſouvent plus énergique & plus fort que celui de la parole. Le changement qui s'opére dans ceux qui nous reſſemblent, eſt une voix puiſſante qui nous crie, qu'avec la même fidélité nous pourrions prétendre aux mêmes eſpérances. Il ſe convertit des pécheurs de toutes les eſpèces, & il ſe ſauve des ames de tout caractère, afin que notre impénitence & notre lâcheté ſoit ſans excuſe. Ce que Jeſus-Chriſt fait dire à Saint Jean, ce que nous apprendrions ſi nous liſions avec une ſérieuſe aſſiduité l'Evangile & les ſaintes hiſtoires ; ſi nous daignions ſeulement nous faire inſtruire de ce qui ne ceſſe point d'arriver dans l'Egliſe, mille bouches nous annonceroient que les aveugles voient ; que les boiteux marchent, que les lépreux ſont guéris, que les ſourds entendent, que les morts revivent. De quelque caractère que nous puiſſions être, quels que ſoient nos penchans & nos habitudes, dans quelque eſpèce de misères enfin que nous nous trouvions engagés, il y auroit dans ces récits édifians, quelque converſion & quelque règle de conduite qui pourroit & qui devroit nous ſervir de modèle. On n'a rien à oppoſer contre des exemples qui ſont faits pour nous ; & c'eſt toujours la voie la plus courte comme la plus efficace pour perſuader.

Voilà donc les évènemens qui devroient nous intéreſſer le plus, ſi nous étions plus ſages. Toutes les autres aventures des hommes excitent notre curioſité ; nous ſommes avides d'apprendre, dans le détail, ce qui les regarde ; nous nous faiſons raconter avec ſoin comment ils ſe ſont élevés, comment ils ſe ſont enrichis, & par quels différens moyens ils ont établi leur fortune & leur réputation. Pourquoi ne pas nous informer avec la même avidité, comment ils ſont devenus meilleurs, comment leurs yeux ſe ſont ouverts ſur la vanité du monde & de ſes faux biens ; comment, après une incrédulité ſi déclarée, ils ſe ſont ſi fortement convaincus des vérités de la Religion ; de quels motifs ils ont été touchés pour entrer avec tant de zèle dans les routes ſaintes de la patience, en renonçant aux eſpérances humaines ; de quels ſecours ils ſe ſont ſervis pour ſe débarraſſer de leurs différens engagemens ;

par quels efforts ils ont fecoué le joug des paffions qui nous dominent peut-être encore; par quelle voie enfin ils font rentrés heureufement dans celle du Seigneur? Quelle leçon pour nous! quelle réflexion plus capable d'exciter notre pareffe, & de confondre notre lâcheté! Nous ferions falutairement effrayés de notre état, nous rougirions de nous trouver toujours les mêmes, tandis que tout change autour de nous. Nous nous demanderions, comme S. Auguftin, fi la loi de nos devoirs eft abrogée, fi les portes de la grace font fermées, & fi nous ne pouvons plus ce que tant d'autres ont pû. Quel langage, encore une fois, & quel aiguillon pour notre miférable cœur! Les aveugles voient; & nous nous obftinons à fermer les yeux à la lumière qui nous éclaire, nous craignons même de la voir, & nous la repouffons avec adreffe loin de nous. Les boiteux marchent; & nous ne fongeons point à fixer une bonne fois notre inconftance dans les fentiers du falut. Les lépreux font guéris; & notre ame eft toute couverte de différentes plaies. Les fourds entendent; & nos oreilles font bouchées aux plus preffantes vérités, & aux infpirations les plus intimes. Les morts reffufcitent enfin à une nouvelle vie; & nous demeurons tranquillement enfevelis dans la pouffiere de notre tombeau.

C vj

PRIERE.

QUe vous auriez donc de reproches à me faire, ô mon Dieu ! Que n'ai-je pas entendu dire de vos œuvres, & que n'ai-je pas vû ! La vie de plufieurs de vos Saints n'eft que l'hiftoire de leur converfion & de leur pénitence : chaque jour vous me montrez quelque pécheur qui revient à vous, quelque paralytique qui quitte le lit de fes infirmités, & qui court avec ardeur dans les voies faintes de la juftice. Ne cefferez-vous donc point enfin de me rappeller à moi même ? Votre divine patience ne fe laffera-t-elle pas de m'attendre ? Oui, mon Dieu, c'eft trop abufer de vos bontés, pour ne pas en arréter le cours : mais, pour la gloire de votre nom, Seigneur, n'abandonnez pas l'ouvrage de vos mains ; ne perdez point le fruit de vos premieres miféricordes ; renouvellez en moi toutes vos merveilles, puifque j'ai le fonds de toutes les maladies. Diffipez mes fecrettes illufions, redreffez mes mauvais penchans, ouvrez mon cœur à votre voix, guériffez mon ame, finiffez mes mifères & mes langueurs, affermiffez mes pas, & retirez-moi pour jamais de l'ombre de la mort,

POUR LE MARDI.

DE L'EPITRE.

Que Dieu nous donne à tous d'avoir les uns pour les autres des sentimens d'union, selon l'Esprit de Jesus-Christ son fils. Rom. c. 15.

LA diversité des vûes, des démarches & des conduites dans le détail de la vie, est un des grands obstacles aux progrès de la religion dans le monde, & à ceux de la piété dans les ames. La tentation vient de ce qu'on y réfléchit trop, ou de ce qu'on n'y réfléchit pas assez. L'idée qu'on a d'abord de l'union qui doit règner entre les adorateurs du même Dieu, fait qu'on s'offense facilement de tout ce qui paroît les désunir ; mais on ne songe pas que cette union n'est pas toujours ce qu'on appelle uniformité dans la conduite des hommes, & qu'elle subsiste avec tout ce qui ne les désunit pas d'avec Dieu même. C'est faute de distinguer sagement ces deux choses, que l'exemple de fidélité qui devroit édifier & soutenir, devient souvent une occasion de chûte. On se prévient les uns contre les autres, on se condamne, on se méprise ; & la perte de l'estime conduit bien-tôt au refroidissement de la charité : souvent même la foi des simples chancèle ; ils se découragent ou se scandalisent ; ils sont ébranlés en voyant

pratiquer ce qui leur paroît mauvais, ou négliger ce qui leur paroît bon : les doutes naif-
fent, & les expofent à la tentation de croire
que la Religion n'eft qu'un ufage arbitraire,
qui n'a point de fondement certain. Les liber-
tins qui ont intérêt à fe le perfuader, fe le
perfuadent aufli ; ils en rient, & ils en prennent occafion de blafphêmer de bouche ce
que leur cœur ne veut pas aimer.

Quel reméde à tous ces maux ? C'eft d'a-
voir plus de fageffe, de l'umière & de charité ; ne point fe former de la vertu des no-
tions trop étroites, ne point la mefurer aux
bornes de fon propre efprit ; être convaincu
que celui de la grace peut faire prendre à la
piété des formes différentes ; que Dieu peut
être fincèrement honoré dans toutes fortes
d'états, & par toutes fortes de voies ; que
l'homme n'a droit d'en condamner aucune
quand Dieu ne la comdamne point : que la
fimplicité du cœur peut donner du mérite à
ce qui n'en a point en foi-même ; qu'une grande charité peut fuppléer à ce qui manque à
nos connoiffances : ne point fe mettre en tête
de tout relever & de tout réduire ; tolérer
pour un temps ce qu'on ne peut corriger d'a-
bord ; & en attendant qu'on le corrige par la
règle du devoir, n'avoir foi-même d'attachement inviolable qu'à ce qu'il y a d'effentiel
& de précis dans la lettre & l'efprit de la loi :
laiffer à chacun fa liberté fur les pratiques

d'elles-mêmes indifférentes ; céder quelquefois à de moins éclairés ; sacrifier ses lumières particulières à l'amour de la paix ou à l'édification des foibles ; se contraindre pour ne rien faire qui puisse les blesser ; ne pas risquer, par un défaut de condescendance, de faire périr ceux pour qui Jesus-Christ est mort ; ménager l'occasion de les instruire, les supporter jusqu'à ce qu'on les désabuse ; enfin, ne se diviser jamais, & conserver toujours l'unité de sentimens, même dans la diversité des opinions.

PRIERE.

IL n'est que vous, Seigneur, qui puissiez nous inspirer un tempérament si sage ; il n'est que vous qui puissiez conserver dans l'union, des esprits divisés par des vues & des goûts si différens. C'est à la vie de l'Eternité que vous réservez le privilége de l'unanimité parfaite ; mais donnez-nous, en attendant, la patience dont vous êtes la source & le modèle : que nous sçachions nous tolérer mutuellement, jusqu'à ce que nous ne soyons en vous parfaitement qu'un cœur & qu'une ame ; que les sçavans ne méprisent point les simples ; que les simples ne condamnent point les sçavans ; que les foibles se consolent de ne pouvoir atteindre encore jusqu'aux plus forts ; que les forts, à leur tour, apprennent à ménager les foibles en les animant ; qu'enfin, Seigneur, toujours dirigés par ce bon esprit que vous

avez promis, une charité compatiſſante &
vraiment déſintéreſſée nous faſſe ſuppléer,
par tous les égards permis, à ce qui manque
en nous ſur l'accord des ſentimens.

DE L'EVANGILE.

*Les pauvres ſont inſtruits des vérités de
l'Evangile. Matth. c. 11.*

LA préférence que Dieu fait par-tout des
pauvres aux riches, eſt un des myſtères
de ſa conduite que nous devons le plus méditer ; & rien n'eſt plus digne de l'attention de
notre foi, parce que rien n'eſt plus contraire
aux vues de la chair. L'homme ſe laiſſe tellement éblouir par l'éclat des richeſſes ; elles
lui donnent tant d'eſtime pour lui-même ;
elles lui procurent tant de préférences, tant
d'avantages & de diſtinctions dans le ſiècle,
qu'il lui ſeroit comme naturel de penſer que
ce ſont autant d'avances pour le ſalut, & qu'il
ſera compté pour quelque choſe de plus dans
l'autre monde. Mais Dieu qui ne nous juge
que par le cœur, en décide tout autrement,
& la ſageſſe de ſon jugement paroît dans le
caractère de ceux qu'il préfére. Que trouve-
t-il dans les pauvres, pour la plûpart ? Des
mœurs ſimples, des cœurs ſans enflure, des
eſprits ſans ambition, des ſouhaits bornés aux
beſoins de la vie. Les voilà donc tout diſpoſés,
pour ainſi dire, par état, à recevoir un Evangile qui ne prêche que l'humilité, que le dé-

tachement, que le mépris des grandeurs humaines ; qui ne donne de grandes idées que de
la vie future, & n'infpire d'eftime & de defirs
que pour les biens de l'Eternité.

C'eft ce qui doit fans doute nous donner
un amour de préférence pour les pauvres, &
nous infpirer un vrai refpect pour la pauvreté,
fi nous connoiffons l'efprit de cet Evangile.
Rien ne porte avec foi plus d'oppofition pour
fes divines maximes, que l'opulence & la vie
commode. Les riches ne les trouvent pas pra-
ticables, & leur illufion va fouvent jufqu'à
croire qu'elles ne font pas faites pour eux.
Malheureux état qui prononce contre lui-
même, & qui croit ne pouvoir prétendre
aux promeffes du Seigneur, que par la difpenfe
de fes loix ? Prétention folle, mais comme
irrémédiable, dans ceux que l'abondance &
les commodités de la vie ont féduits. Ils me-
furent leurs obligations fur leurs dérèglemens
mêmes ; ils ont été nourris dans les plaifirs
& dans l'habitude de flatter leur chair ; ils
n'ont jamais connu la peine & le travail ; ils
font foibles, fenfuels, délicats, avec un corps
engraiffé dans la molleffe ; ils ont des paffions
vives ; ils ne favent ce que c'eft que de fe contraindre & de rien refufer à leurs fens : donc
il ne faut point que la Religion leur prêche
les violences, les mortifications, les auftérités
& les privations néceffaires ; c'eft-à-dire, qu'il
faut les laiffer vivre au gré de leurs defirs ;

qu'il faut que l'Evangile s'adouciſſe pour eux, parce qu'ils en ſont plus ennemis; que le ſalut leur devienne plus aiſé, parce qu'ils y ont mis eux - mêmes plus d'obſtacles. A cette pen-ſée, on ne peut ſaire autre choſe que d'être effrayé, & de s'écrier avec Jeſus - Chriſt : Malheur à vous, riches ! Malheur à ceux qui trouvent dans leur condition, des ten-tations ſi funeſtes, & pourtant ſi communes!

PRIERE.

Divin Sauveur ! cet oracle ſorti de votre bouche avec tant d'énergie, me regarde dans quelque dégré, ou pour vous bénir, & me conſoler dans mon état, ſi vous m'y avez préſervé de tous ces dangers ; ou pour m'ap-prendre mon devoir, ſi j'ai le malheur de les y trouver ; ou pour réprimer mes deſirs, s'ils me portoient à m'y expoſer le moins du monde. Ne m'accordez jamais rien, mon Dieu, au-delà du néceſſaire, ou conſervez-moi par tout & en tout tems, l'eſtime & l'eſprit de la pauvreté. Ne vaut-il pas mieux que j'apprenne à me paſſer de ce que je n'ai pas, que d'être ſans ceſſe tenté de m'atta-cher à ce que j'aurois, de quelque nature qu'il fût? Quel funeſte préſent m'auriez-vous ſait, ſi je ne devenois plus à mon aiſe, que pour vous être moins fidèle ! Eh ! dois-je me plain-dre d'un état qui m'enrichit des biens de la ſo; d' une privation qui me rend plus docile à vos commandemens, & plus sensible à vos récompenses ? Que je sois toujours pauvre à ce prix, Seigneur, puisque c'est à cette pauvreté & à l'amour sincère qu'on en a, que votre royaume est promis.

POUR LE MERCREDI.

DE L'EPITRE.

Conspirez à vous unir les uns avec les autres, pour vous soutenir mutuellement. Rom. c. 15.

DIeu n'a rien fait que pour lui-même, &, par une suite naturelle, tout ce qu'il a fait doit conspirer à l'honorer en sa manière. Ses desseins décident de nos devoirs ; or, son grand dessein, si nous y faisons bien attention, c'est de tout réduire à son unité, parce que sa grande gloire est d'être seul ce qu'il est. Je suis Dieu, dit-il, & il n'y en a point d'autre qui le soit avec moi. Dans le Ciel, il n'y aura qu'une victime, qu'un sacrifice, qu'un adorateur, qu'une voix pour louer ce Dieu Saint. Ce qui n'étoit pas uni par sa nature, y sera parfaitement réuni par les affections; & tout tend, dès-à-présent, à nous conduire à cette unité. C'est l'objet & le caractère de la Religion que nous professons; elle ne nous unit par la foi des mêmes maximes, que pour nous unir plus étroitement par l'accomplissement des mêmes promesses.

C'est de cette union même que la charité tire tous ses motifs; c'est à cette union qu'elle dirige tous les devoirs. Nous n'aimons, ou nous ne devons aimer les hommes, que comme étant ou devant être un jour une même chose avec nous. Si nous les supportons, si nous les servons, ce ne doit être que pour former en eux ce désintéressement qui nous fait préférer l'utilité commune à notre utilité particuliere, que pour leur apprendre à vuider leur cœur de l'amour propre qui le resserre en lui-même; que pour l'étendre par cette charité universelle qui embrasse tout, qui détruit l'antipathie des humeurs, qui réunit la diversité des intérêts, qui réduit toutes les conditions à l'égalité que la nature avoit mise entre les hommes, qui nous lie avec les plus inconnus & les plus barbares, tandis qu'elle nous sépare quelquefois de nos plus proches, & qui nous fait enfin mettre les liaisons que la piété forme, toujours avant celles de la chair & du sang. Est-ce là véritablement notre esprit? C'est pourtant, quoique nous en puissions dire, par ces dispositions qu'il faut juger du progrès que nous faisons dans le Christianisme, & du droit que nous avons aux espérances qu'il nous donne. Ne nous flattons pas, & remontons toujours à ce grand principe qui est l'ame de la Religion. Nous ne sommes disciples de Jesus-Christ, qu'autant que nous aimons nos freres par la vue de cette affection commune, & par le sentiment de cette unité pour laquelle nous sommes faits ; ce n'est que par-là que nous nous rendons propres à l'œuvre de Dieu qui n'est pas le Dieu de la dissension , même de l'union.

P R I E R E.

HÉlas ! S'il en est ainsi , ô mon Dieu, que nous sommes donc peu fidèle à concourir à vos justes & sages desseins ! Tout conspire en nous à la désunion, tandis que vous n'oubliez rien pour nous conduire à l'unité. Nous ne voulons tous , nous n'aimons presque tous, rien que pour nous-mêmes & par rapport à nous : c'est le grand motif qui nous remue, si nous manquons un moment d'attention sur nous-mêmes ; & cet injuste penchant iroit jusqu'à nous faire chacun notre divinité. Tous les hommes nous sont indifférens & comme étrangers, dès que ce n'est plus que par les liens de la religion qu'ils nous sont unis. Mais parce qu'avec de tels sentimens, il n'est pas possible , Seigneur, d'être Chrétien à vos yeux, inspirez-nous-en qui soient plus dignes de vous ; prenez soin de votre gloire ; achevez en nous votre ouvrage, & préparez-nous, par une charité sans intérêt, à cette société sainte dont vous voulez être éternellement & le nœud & la félicité.

DE L'EVANGILE.

Bienheureux celui pour qui je ne serai point un sujet de scandale. Matth. c. 11.

L'Opposition des Juifs à la doctrine de Jesus-Christ, étoit insensée dans ses motifs; c'étoit dans sa personne qu'ils cherchoient des raisons de ne point l'écouter. Mais que sa naissance fût obscure à leurs yeux, ses parens pauvres, sa condition basse, sa profession vile; qu'il fût lui-même tel que la malignité de ses ennemis le disoit, homme de bonne chère, ami des gens de mauvaise vie; qu'on ne sçût pas d'où il étoit; qu'on ignorât d'où lui venoient la sagesse & les connoissances, il falloit toujours en revenir au raisonnement qu'il leur faisoit: *Si je vous dis la vérité, pourquoi ne me croyez-vous pas?* Or, ce raisonnement a contre nous aujourd'hui infiniment plus de force qu'il n'en avoit alors. Nous révérons l'Auteur divin de l'Evangile; nous avons de lui les plus sublimes idées; nous le considérons comme l'unique maître que Dieu nous ordonne d'écouter: & cependant nous ne nous scandalisons pas moins de ses instructions, que ceux qui le regardoient comme un imposteur, ou comme un homme sans aveu. Quel fonds d'opposition pour ses préceptes & pour ses conseils! Quelle disposition intérieure de révolte contre certaines vérités qui nous regardent plus particulièrement! Nous y trouvons

mille affujettiffemens dont notre vanité rougit; notre orgueil eft bleffé des leçons d'humilité qu'il nous fait; notre cupidité, du dé-
fintéreffement qu'il nous prêche. La fuite des
plaifirs, le mépris de la vie, le facrifice de
nos attachemens les plus chers, la réfiftance
à nos penchans, l'indifférence pour tout ce
que le fiècle préfent nous infpire de defirs,
les violences que le renoncement exige de la
nature, certaines contradictions où une piété
bien foutenue nous expofe; tout cela défef-
pére notre foibleffe, excite nos murmures,
toute notre ame en eft irritée, & s'oppofe à
un tel joug. Confultons - nous bien fous les
yeux de la vérité, & portons la fonde jufqu'au fond du cœur. Nous voudrions que notre guide nous conduisît à Dieu par des voies
moins contraires à nos inclinations, ou qu'il
les guérît par des remédes moins durs; c'eft-
à-dire, que nous nous croyons plus fages que
la fageffe même; c'eft-à-dire, que nous prétendons apprendre à l'Ouvrier fuprême l'art de
réformer fon propre ouvrage : c'eft-à-dire,
qu'il y a toujours dans nos difpofitions fecrettes, un défaveu de nos lumières, & une contradiction injufte aux vérités mêmes que nous
profeffons.

Accordons-nous donc avec nous-mêmes
une bonne fois : ou renonçons à Jefus-Chrift,
ou marchons dans les fentiers qu'il nous ouvre : il n'y a point de milieu, & la feule pen-

sée d'en chercher, tient du blasphême, comme tous nos efforts pour en trouver, tiennent de la folie. Pourquoi se plaindre sans cesse & sans respect, que ce que le maître enseigne est trop dur, quand on est convaincu que c'est à lui qu'il en faut croire? N'est-on pas assez coupable d'oublier & de ne pas sentir ce qu'il apprend ailleurs sur son aimable joug, & sur les consolations du fardeau qu'il impose? Ses maximes sont sévères, disons-nous; qu'importe, après tout, si elles sont vraies & immuables? La pratique en est pénible; mais que gagnons-nous à le dire, si elle est nécessaire? Attendons-nous que Dieu réforme pour nous ses loix; ou faut-il renoncer au salut, parce qu'il l'a mis à des conditions qui ne nous plaisent pas? Heureux qui ne prend point de Jesus-Christ cette espèce de scandale! Mais que ce bonheur est rare! & qu'il est commun aujourd'hui de faire profession de croire à l'Evangile, & de vivre dans la contradiction de ses vérités!

PRIERE.

HElas, Seigneur! je ne sens que trop, à ce sujet, mon malheur ou mes infidélités; mais si jusqu'ici j'ai méprisé votre conseil sur moi, je veux m'y soumettre désormais avec un désintéressement parfait : on y gagne trop dès cette vie même. Oui, je m'abandonne à la conduite de celui que vous m'avez donné pour être ma sagesse, ma justice &

ma

ma sanctification. Dissipez donc, ô mon Dieu
mes fausses lumières par les vôtres ; réformez
mes sentimens par ceux de votre grace puissante, afin que mon esprit se soumette humblement à ses leçons ; que mon cœur en goûte la
sévérité sainte, toujours douce à l'amour ;
& que, n'écoutant plus ni mes préventions, ni
mes répugnances, je trouve, dans une aveugle fidélité, ma perfection & mon salut.

POUR LE JEUDI.

DE L'EPÎRE.

*Comme Jesus-Christ nous a réunis pour la
gloire de Dieu.* Rom. c. 15.

L'Exemple de Jesus-Christ est le plus sûr
interpréte de ses maximes. Etudions bien
ce qu'il a fait, c'est ce qu'il a voulu nous en-
seigner. On voit dans tout le cours de son ministère, qu'il n'a considéré dans les hommes
ni leurs talens, ni leurs défauts, ni leur éloignement, ni leurs avances pour le salut : il se
proprosoit seulement d'exécuter sur eux la volonté de Dieu son pere, qui ne fait aucune
distinction des avantages humains. Ses re-
compenses sont promises à tout ceux qui lui
feront persévéramment fidéles ; tous peuvent
également contribuer à sa gloire, parce que
c'est par lui qu'ils sont tout ce qu'ils sont. Voilà
donc aussi la régle & le motif de notre union

Tome I.

réciproque. Comptons pour rien les qualités personnelles ; bonnes ou mauvaises, elles ne nous rendent l'obligation de nous entr'aimer, ni plus ni moins étroite. Pourquoi donc tant écouter nos goûts ou nos aversions, où nous n'avons que notre devoir à consulter? Affoiblirons-nous la loi? Ou ferons-nous changer le Législateur?

Il est étonnant combien nous raisonnons peu sur le fond de nos sentimens, & sur les principes de notre conduite ; combien nous faisons peu d'usage des vues que la Religion nous donne ; & par-là même combien nous hasardons notre salut faute d'approfondir nos dispositions! Nous savons, ou nous devons savoir, que ce n'est que pour Dieu que nous devons aimer les hommes : pourquoi donc sommes-nous plus délicats que Dieu même sur leurs foiblesses? Pourquoi ne souffrons-nous pas ce qu'il souffre dans ceux qui sont à lui ? Pourquoi ne les aimons-nous pas tels qu'il les aime? Nous n'avons point ici d'autre intérêt que celui de nous conformer à sa volonté, que de concourir à ses desseins, que de nous rendre nous-mêmes dignes de lui. Si nous n'aimons que ceux qui nous plaisent par quelqu'endroit ; si c'est le plaisir, si c'est l'utilité qui nous déterminent, nous nous récompensons nous-mêmes ; & il n'y a plus pour nous d'autre espérance, que celle des Publicains & des Payens. Les plus méchans d'entre les hommes aiment ceux qui sympatisent avec leurs inclinations, ou qui sont utiles à leurs intérêts ; & la vertu ne coûteroit rien, si l'amour propre en étoit la source. Mais, puisque Dieu n'a point remis à notre choix les objets de la charité, ne cherchons jamais qu'en lui seul les raisons de l'amour qu'il nous demande pour eux : par-là, nous entrerons dans l'esprit de sa Loi ; nous en rendrons même la pratique plus aisée, le mérite en sera moins équivoque, le motif plus épuré, & la récompense plus assurée.

PRIERE.

AYez donc pitié de mon imprudence, ô mon Dieu ! Et, en m'assujettissant à votre juste & sainte volonté, daignez m'éclairer sur mes propres intérêts ; ôtez-moi pour toujours cette délicatesse mal entendue, qui me rend vos commandemens plus pénibles par ma propre faute. Pourquoi voudrois-je que ceux que vous m'ordonnez d'aimer, fussent plus parfaits, puisque vous les aimez vous-même avec leurs imperfections ? Hélas ! je n'aurois qu'à songer, que vous m'avez comblé de vos dons lorsque je n'avois pû les mériter ; que vous me souffrez malgré mes infidélités ; que mon ingratitude n'épuise point vos graces : & tant de bonté me feroit sentir que je m'en rends indigne par la peine que je trouve à l'imiter. Non, mon Dieu, il est temps que j'ouvre les yeux ; & je vous en demande la grace,

pour n'être pas à jamais exclu du nombre de
vos Difciples. Non, je ne confidererai plus,
dans l'exercice de la charité, que l'obligation
que vous m'en faites, l'exemple que vous
m'en donnez, & la reconnoiffance que je vous
dois.

DE L'ÉVANGILE.

Qu'êtes-vous allés voir dans le defert ?
Matth. c. 11,

DIeu n'expofe pas fes Saints à nos yeux,
comme des objets d'une curiofité vaine,
ou d'une ftérile admiration ; c'eft une leçon
vivante qu'il nous fait de différentes vertus
qui les diftinguent, & un reproche d'infidélité qui laiffe abfolument notre lâcheté fans excufe. Ils expriment dans leurs mœurs ce que
fes confeils ont de plus parfait, & fes Loix de
plus auftére. Hélas ! quels témoins contre
nous la Vérité ne nous prépare-t-elle pas dans
leurs perfonnes ! Dirons-nous que ce qu'ils font
eft impoffible ? Ont-ils une autre nature que
nous, de moindres foibleffes, des reffources
d'un autre genre, de plus grands intérêts, de
meilleures efpérances ? Et la foi, comme la
vertu d'Élie, n'étoient-elles pas celles d'un
homme femblable à nous ?

Quelle impreffion, cependant, leur exemple fait-il fur nous ? Ne fommes-nous point
de ceux qne cette cenfure muette irrite, au
lieu de les corriger ? à qui la vûe même des

gens de bien est à charge, & qui les haïssent en secret, quoique peut être ils les estiment dans le fond : C'est-là l'impiété même, & comme le sceau de la réprobation : mais c'est du moins un très mauvais présage pour le salut, de ne se sentir animé d'aucune émulation pour le bien, à la vûe de ceux qui le pratiquent sous nos yeux ; & cette disposition n'est pourtant que trop commune. Le monde est plein de gens qui se font honneur de considérer la piété comme un tableau digne de leurs regards, qui semblent même pénétrés de vénération pour ceux en qui la fidélité ne se dément jamais, & qui cependant ne s'accusént pas eux mêmes du peu d'envie qu'ils ont de leur ressembler. On lit avec froideur la vie de ceux dont la gloire a déji couronné les travaux : on voit avec indifférence la ferveur des justes de la terre. Quelle espéce de chrétiens sommes-nous ? De quel corps faisons-nous partie ? Et que faut il donc, pour guérir notre mortelle langueur ? D'un côté, disons-nous, les vertus communes ne frappent pas assez ; d'autre part, celles des plus parfaits effrayent & découragent : on s'accoutume à les regarder comme des prodiges plûtôt que comme des modèles. On rougit de l'humiliation des grands pécheurs ; on frémit à la seule pensée des rigueurs de leurs pénitence. On se perd au milieu des bons exemples ; & qu'allégue-t-on pour sa justification ? Ne

D iij

nous séduisons pas gratuitement, & plus long-
temps; les devoirs & les moyens d'obtenir la
grace qui les fait accomplir, les obligations &
les ressources nous sont communes, dans le sein
de l'Eglise, avec les serviteurs de Dieu. Ce
n'est pas la possibilité de remplir la carriére,
ce ne sont pas les forces; c'est la bonne volonté, c'est l'application actuelle des moyens
que Dieu nous met en main, c'est le zèle &
la sincèrité des efforts, qui nous manquent, &
qui fourniront certainement, un jour, la matiere de notre jugement. Il est vrai qu'on doit
regarder comme une disposition à la vertu,
celle de l'estimer & de la louer dans les autres;
mais ne nous flattons pas : cette disposition
même ne sert qu'à notre condamnation quand
elle est oisive. Ceux qui s'empresserent d'aller
voir Jean-Baptiste au desert, lui rendirent la
même justice, & n'en furent pourtant ni meilleurs ni moins coupables : nous méprisons,
comme eux, le dessein de Dieu sur nous; nous
abusons, comme eux, d'une de ses plus pré-
cieuses graces, si nous négligeons ce que nous
avons vû.

PRIERE.

Quel jugement dois-je donc attendre de
vous, Seigneur! Toujours moins touché du bon exemple que du mauvais, je vois
les justes à mes côtés, marcher dans vos voies,
sans avoir le courage de les suivre; & je ne
me le reproche point. Je vois les pécheurs

tranfgreffer vos loix ; & je crois mes propres prévarications & mes relâchemens volontaires juftifiés par là. Aveugle témérité ! Confiance infenfée ! Comme fi l'infidélité des uns rendoit la fidélité des autres moins propre à me confondre devant vous. Il eft temps d'ouvrir les yeux & de me défabufer. Oui, mon Dieu, loin de croire mes négligences excufables, je rougirai de mes excufes mêmes ; je ne verrai jamais ce que vous me montrez de plus parfait dans vos fidéles, fans fonger que vos commandemens les plus auftères ne font pas fi pénibles qu'on le penfe, à ceux qui vous aiment ; & fans me dire à moi-même, que je pourrai beaucoup quand je faurai beaucoup aimer. Apprenez-moi donc, Seigneur, cette divine fcience de votre amour, rallumez-en les faintes ardeurs dans mon ame ; & puifque la grace vient tous les jours à moi par l'exemple, que j'aille enfin à vous par l'imitation.

POUR LE VENDREDI.
DE L'EPÎTRE.

Jefus Chrift ayant prêché l'Evangile aux Juifs, a rendu témoignage à la fidélité de Dieu.... Et, par la vocation des Gentils, il a fait éclater fa miféricorde. Rom. 15.

IL y avoit de la folie dans les Juifs & dans les Gentils, de fe préférer les uns aux au-

tres dans le Christianisme ; ils disputoient de
ce qui ne leur appartenoit pas : c'étoit à Dieu
seul que toute la gloire de leur mérite différent devoit remonter ; & ils n'étoient tous
ce qu'ils étoient, que par la grace gratuite &
prévenante. Il en est de même, trop souvent
aujourd'hui, des justes & des pénitens : la
tentation de la préférence leur est commune
dans le fond du cœur ; qu'ils y prennent bien
garde. Ceux-là comptent, comme l'aîné du
prodigue, les années de leurs services, & leur
fidélité constante aux commandemens du Seigneur ; ceux-ci font valoir la ferveur de leur
pénitence, & la grandeur de leurs satisfac-
tions : mais les premiers oublient que la per-
sévérance dans le bien, n'est pas une moindre
grace que le retour après le péché ; & les derniers ne considérent pas, que c'est un grand
avantage, d'avoir toujours été fidèle ; & un
grand engagement, d'avoir manqué de fidélité.
C"est la même main qui soutient le juste, &
qui reléve le pécheur. Toute la gloire de l'un
& de l'autre, est de servir à celle de Dieu, qui
fait voir en eux les différentes formes de sa
grace, selon la diversité du besoin qu'ils en
ont, & l'exécution de ses desseins éternels sur
eux,

Que faisons-nous donc, aveugles & témé-
raires, quand nous nous occupons de la différence de nos mérites ? Nous disputons du
prix des dons de Dieu ; nous opposons ses

œuvres à ſes œuvres, comme s'il pouvoit jamais être plus ou moins grand que lui-même. Ne nous approprions rien detout ce que nous tenons de lui, & nous n'aurons bien-tôt, ni complaiſance pour nous, ni mépris pour les autres. D'ailleurs, quelque progrès que nous ayons fait dans la piété, depuis quelque temps que nous ayons commencé de ſervir le Seigneur, ne penſons jamais qu'il nous en doive de reſte, & que notre meſure ſoit plus que remplie. La juſtice de cette vie, ſoit que nous l'ayons conſervée, ſoit que nous l'ayons réparée, ne ſera jamais qu'une juſtice très-imparfaite. Nous ſommes tous pécheurs, & il n'y a de différence, que du plus ou du moins. Ne nous occupons donc point du bien que nous faiſons, & ſongeons ſeulement à celui qui nous reſte à faire; ne comptons point avec notre Dieu; ne nous préférons point à nos freres; ne nous comparons qu'avec nous-mêmes, & ne nous appliquons qn'à remplir ce qui manque à la meſure de perfection qui nous convient.

PRIERE.

HÉlas! à quoi m'amuſai-je, Seigneur! Quelle eſt ma miſére! & qu'importe ſi e v ous ſuis plus ou moins fidèle que d'autres, and is que je ne le ſuis pas encore aſſez? Quel avantage puis je avoir ſur eux, qui ne me vienne de vous? Et pourquoi, vaſe d'argile, me prévaloir de vos dons, pour me préfé-

rer à ceux qui paroiſſent en avoir moins reçû?
Si vous m'avez beaucoup donné, c'eſt beaucoup que je vous dois : il s'agit de vous le rendre, & je ne ſaurois le trouver dans mon propre fond. Non, ſans doute, mon Dieu, je
ſens bien que c'eſt l'humilité ſeule qui diſpoſe à
de nouvelles graces de votre part, & qu'on ne
peut ſe diſtinguer à vos yeux, que par la reconnoiſſance qui vous en rend tout l'honneur.
Guériſſez donc la plaie profonde de mon orgueil; & quoique ce ſoit que vous m'accordiez, ou que je ſemble faire pour vous, que
je ne me croie jamais plus ou moins louable
devant vous, qu'à proportion que je ſerai plus
ou moins humble & reconnoiſſant.

DE L'ÉVANGILE.

Qu'êtes-vous allé voir dans le deſert ? Eſt ce un
roſeau que le vent agite ? Matth. c. 11.

SAiſiſſons bien l'idée que le Sauveur nous
donne par cette comparaiſon, & découvrons, dans ſon expreſſion, une de ces vérités
importantes qui mérite bien de faire la matière de nos réfléxions. L'incertitude des irréſo-
lutions, l'inégalité de la conduite, figurées par
l'agitation d'un roſeau que le vent remue,
forment un caractere auſſi commun dans le
monde, qu'il eſt contraire à celui de la véritable vertu. Il ne faut pas s'y tromper : la ſanc-
tification de l'ame eſt un ouvrage qui ne doit
jamais être différé, qui ne s'acheve qu'à la fin

de la vie, & dont l'essentiel est toujours ce
qui reste à faire: ouvrage suivi & continu,
qui se détruit dès qu'on cesse d'y travailler,
& qu'il faut presque recommencer tout entier
autant de fois qu'on l'interrompt. Il est question de guérir des passions, de corriger de
mauvaises habitudes, de déraciner mille cupidités secrettes, de poursuivre l'amour propre jusques dans ses derniers retranchemens,
d'épurer enfin la piété de toutes les recherches de soi-même, qui sont capables de la
souiller devant Dieu en tant de manières.
Dès qu'on cesse de s'observer, de se contraindre, de se faire violence, on est rentraîné par
son penchant; & souvent on s'éloigne plus
de la perfection de son état par quelques jours
de relâchement & de négligence, qu'on ne
s'étoit avancé par les efforts de plusieurs années.

Cependant, que faisons-nous ? que sommes-nous ? De vrais roseaux agités par le
vent d'une inconstance éternelle. Il y en a qui,
jusques dans la profession la plus sainte, ne savent presque ni ce qu'ils croient, ni ce qu'ils
espérent, ni ce qu'ils ont à faire. On remplit
quelques devoirs de religion, pour n'avoir pas
à se reprocher de vivre sans Dieu dans ce monde : du reste, on se laisse comme entraîner in-
dolemment vers la fin de ses jours, & on semble remettre sa perte ou son salut à l'incertitude de l'événement. D'autres font quelquefois

D vj

un peu plus touchés de l'intérêt de leur éternité; mais ils balancent mille fois sur les moindres sacrifices, quoi qu'absolument nécessaires: les combats les effraient, les difficultés les rebutent, & ils sont ingénieux à les grossir; ils délibérent, ils différent tant qu'ils peuvent, le bien qu'ils sont résolus de faire. Se sont-ils une fois déterminés; ont-ils commencé de travailler, combien leur ferveur dure-t-elle? Ils s'arrêtent dès les premiers pas, ou reculent peut-être encore plus loin qu'ils n'étoient d'abord: différens objets se présentent, reviennent les amuser, & leur font oublier toutes leurs résolutions. Que peut-on dire d'eux? sinon, avec Jesus-Christ, que, pour leur malheur & par leur faute, ils ne sont pas propres pour le Royaume de Dieu; sinon, avec Saint Paul, qu'ils reçoivent la grace en vain, & qu'ils la rendent stérile dans le champ de leur ame, comme si elle étoit donnée pour demeurer sans action; comme si, loin d'agir constamment avec elle, elle devoit agir sans nous, ou au lieu de nous. Illusion trop funeste, qui renverse toute l'œconomie des desseins de Dieu. Nous avons beau nous en former certaines idées, il sera toujours vrai, quoi que nous en pensions, que rien n'est plus nécessaire au salut, que la fermeté de l'ame, l'uniformité de la vie, l'assiduité du travail, & la constance à marcher dans les voies de la justice.

PRIERE.

QUE deviendrai-je donc, Seigneur, avec un esprit sans consistance, avec un cœur sans cesse agité par le vent de sa légéreté propre ? Hélas ! toute ma vie, à la bien définir, n'est qu'une alternative d'indolence & d'assoupissement. Je forme les plus saintes résolutions, & je les abandonne : les projets de renouvellement & de perfection se succédent, & ne s'exécutent point. Si j'ai fait quelques pas dans vos voies, un rien m'en détourne. Je m'arrête, je perds de vue le but de ma course, & je retombe dans la paresse & dans le dégoût de mes devoirs. N'aurai-je jamais pitié de mon ame si misérable, & traînerai je toujours après moi une disposition si indigne d'un Dieu, & que le dernier des hommes ne voudroit pas supporter un jour entier à son égard ? Arrêtez donc enfin vous-même, Seigneur, arrêtez tant d'inconstance capable de lasser votre divine patience ; assurez vous de moi dans ce moment, où, par votre miséricorde, je sens quelque envie de vous être plus fidéle. Donnez-moi cette volonté forte & persévérante de vous servir, sans laquelle je ne puis arriver à la perfection que vous exigez de moi, ni mériter les récompenses que vous m'avez promises.

POUR LE SAMEDI.

DE L'EPITRE.

Que le Dieu de l'espérance vous remplisse de toute sorte de paix & de joie. Rom. c. 15.

IL n'y a de paix & de joie dans cette vie, que celle qui naît de l'espérance. Les biens dont on y peut jouir, sont trop bornés pour remplir toute l'étendue de nos desirs; les plaisirs s'y font long-temps attendre, & ne durent guéres; les plus heureux ne s'y souffriroient pas, s'ils n'attendoient rien au-delà de ce qu'ils possédent: mais s'ils n'aspirent qu'aux biens du temps, leurs espérances sont incertaines, trompeuses, volages, fragiles, passageres; elles sont souvent fondées sur les plus légères apparences, souvent chimériques & purement imaginaires. Ils les voient chaque jour se détruire & renaître: qu'on y prenne garde, c'est tantôt une chose, & tantôt une autre qu'ils espérent; & ces espérances pourtant les amusent, les occupent, les animent à tout entreprendre & à tout souffrir: sans elles, ils succomberoient bientôt aux moindres maux; avec elles, ils se soutiennent dans les plus affreuses extrémités; & la moindre lueur d'une heureuse alternative suffit pour adoucir les peines de la vie, & pour relever les courages abattus.

Quelles doivent donc être les confolations de ceux en qui l'efpérance des biens éternels ne chancéle point ! Les joies du monde les plus fenfibles ont-elles rien qui puiffe jamais égaler ce qui fe répand dans leur ame ? Il eft vrai que cette attente même redouble les ennuis de leur pélérinage en ce monde ; &, quelque courte que foit la durée de leurs jours, ils n'ont toujours que trop à fe plaindre de la longueur de leur exil. Où pourrions-nous, en effet, être contens, tandis que nous fommes éloignés du féjour bienheureux où tous nos foupirs doivent tendre ? Mais, dans une privation fi dure, n'eft-il pas bien confo-lant, de trouver dans fa foi des affurances d'une deftinée meilleure, de foulager fes peines par le fouvenir des promeffes du Seigneur, de s'occuper de ce qu'on efpère, d'entrevoir les biens de fa patrie, de les faluer d'avance com-me les anciens juftes, & d'en hâter la jouif-fance par les preffentimens les plus doux? Les fouffrances préfentes en deviennent plus légè-res, la vue de ce qu'on attend fait prefque oublier ce qu'on endure; & ce qu'on croit l'emporte fur ce qu'on fent. C'eft ainfi que la douleur & le plaifir font fans ceffe balancés dans l'ame chrétienne, & que fon travail pré-fent eft adouci par la confiance du repos qui va fuivre. Toujours gémir & toujours fe ré-jouir; c'eft-là fon caractère, c'eft-là fa vie: gémir d'être abfent de la Cité célefte, fe ré-

jouir de l'affurance de s'y voir rappeller ; deux
fentimens qui ont pour terme le même objet,
& que notre cœur doit fçavoir allier, fi la foi
ne s'y dément point, & s'il eft conduit par la
grace.

PRIERE.

OUI, mon Dieu ! j'entends ici votre Prophète ; & je defire, en empruntant fes
fentimens, pouvoir dire avec lui : Je me ré-
jouis, & mon ame ne peut retenir fes tranf-
ports, quand la foi me dit que je dois un jour
aller dans la Maifon de mon Seigneur ; mais
cette joie qui fait la confolation de mon exil,
n'eft point, après tout, la félicité de ma patrie. Quand fera-ce, ô Dieu de mon cœur,
que je paroîtrai devant vous, que vous daignerez me faire voir ce que j'efpère, & que mes
defirs feront comblés par la jouiffance des
biens que vous m'avez promis ? Vous favez,
Seigneur, les motifs particuliers qui rendent
l'attente longue à mon impatience ; vous favez
ce qui me porte à vous demander de hâter
pour moi l'accompliffement de vos promeffes:
abrégez donc, s'il vous plaît, les jours de
mon pélérinage ; approchez-moi du moins de
ma fin par une efpérance vive ; &, tandis que
je ne vous vois point, faites du moins que je
vous ferve, & que je commence à vous goûter, pour être plus fervent à vous fervir.

DE L'ÉVANGILE.

Qu'êtes-vous allé voir dans le defert ? Eft-ce un homme vêtu avec luxe ? C'eft ainfi qu'on s'habille dans les Palais des Princes. Matt. chap. 11.

JEsus-Chrift, après avoir loué Saint Jean fur fa fermeté, en affurant qu'il n'eft pas un rofeau agité çà & là par le vent, le loue encore fur fa pénitence, en difant, qu'il ne vit point dans le luxe des habits, & dans la molleffe des fens, comme l'on fait dans les Cours des Rois. Les hommes, par l'aveuglement de leur efprit & la corruption de leur cœur, ont corrompu les deux néceffités naturelles du corps, qui font la nourriture & le vêtement, en faifant dégénérer l'un en luxe, & l'autre en fenfualité. La Religion Chrétienne réforme fevèrement ces deux abus énormes ; & Saint Jean, par fon exemple, devient le premier héros de cette Religion fainte, comme, par fes paroles, il en annonce le fondateur & le maitre. Voilà pourquoi il paroît, dans le fond d'un defert, tout couvert, pour ainfi dire, de cette pénitence qui doit réformer l'homme, n'étant vêtu que de la peau groffiere d'un Chameau, & nourri de miel fauvage. Rien, fi on y fait attention, ne prouve plus fortement l'obligation de vivre dans une mortification continuelle, que ces paroles de Jefus Chrift à l'occafion de fon précurseur : Ceux qui font à la Cour des Princes de la terre, cherchent les douceurs de la terre ; ceux qui font profession d'appartenir à un Roi dont le Royaume n'est pas de ce monde, font tout le contraire. C'est là l'Evangile des Chrétiens, & il n'y en a point d'autre. Tant que les hommes n'ont point de prétention ailleurs que dans le siécle, on n'est point étonné qu'ils cherchent à s'établir auprès de ceux qui font les plus grands dans le siécle, ni qu'ils s'efforcent de leur ressembler par la mollesse, par le luxe & les plaisirs : mais, depuis Jean-Baptiste, depuis qu'on leur dit qu'il y a un autre Royaume où ils font appellés, & d'où la cupidité se trouve à jamais exclue, quiconque y prétend, doit se convaincre, avant toutes choses, qu'il y a aussi un autre Royaume dont toutes les livrées font les armes de la pénitence, & à qui l'on n'appartient que par des marques qui font étrangères dans les Cours des Rois de la terre.

Tous les sujets, tous les vrais disciples de ce nouveau Roi, font reconnus à ces livrées, & font gloire de les porter. Pensons-y bien : nous n'en verrons pas un seul qui croie pouvoir s'en dispenser ; & ils s'accordent tous à fuir les plaisirs des sens, & à négliger la mollesse des habits. Or, est ce caprice, est-ce sagesse dans les Saints ? & se trompent-ils, ou sommes-nous trompés nous mêmes sur ces deux points ? Ils les ont toujours regardés

avec frayeur, comme les deux écueils de la
pénitence évangélique ; & on ne sçauroit y
tomber, sans se ressentir des passions qui les
inspirent. C'est le besoin qui nous force à nous
habiller, & à prendre de la nourriture : dès
qu'on a dequoi se couvrir & se nourrir, on
doit être content, comme l'écrit Saint Paul à
son disciple Timothée. Voilà les bornes d'une
ame solidement chrétienne ; elle rougiroit,
elle craindroit de rien chercher, de rien exiger, ni rien desirer de plus, parce que tous
les prétextes qui font aller au delà du nécessaire, furent toujours ou criminels, ou frivoles, ou trompeurs. C'est l'amour déréglé
du plaisir des sens, qui nous rend plus ou moins
idolâtres d'un corps qui va tomber en pourri-
ture : c'est la vanité, plus ou moins poussée,
qui nous inspire le soin d'orner une maison de
boue qui menace ruine : & qu'y a-t-il en tout
cela qui puisse subsister avec l'esprit de la piété, qui ne soit contraire à ses maximes, qui
n'en affoiblisse les sentimens, qui n'en fasse
même abandonner les soins, & qui ne tende
à l'anéantir tout-à-fait dans le cœur ? Que
chacun s'examine sévérement sur ce point devant Dieu, & sur les différens dégrés de cupidité qu'il a à combattre ; mais que ceux qui,
par état, se trouvent plus dévoués à Jesus-
Christ & aux fonctions de son ministère, rap-
pellent sur-tout l'exemple de son précurseur
pour en faire leur modèle. La pénitence de

Jean, le silence de sa retraite, l'austérité de
sa vie & de ses vêtemens autorisent sa prédi-
cation. C'est se tromper grossièrement, de
croire qu'on gagnera le monde en se confor-
mant à ses usages, & en prenant quelque
chose de ses mœurs : le monde achevera plûtôt de corrompre le cœur qui s'ouvre à lui ; &
on mérite d'être livré à cet ennemi de Jesus-
Christ, dès qu'on compose avec lui, & qu'on
ne le renonce pas absolument dans ses manières & dans son langage, comme dans son esprit & dans ses œuvres. La piété souffre-t-elle
donc ce partage, sous quelque prétexte spé-
cieux que ce puisse être ? A-t-elle deux maîtres à servir, ou croit-elle devoir se rendre
esclave des loix du siécle, jusqu'à se démentir
elle-même, & jusqu'à exposer gratuitement
tout le fruit du ministère, pour se conformer
en quelque chose à ce siècle profane ?

P I R E R E.

HElas, Seigneur ! pourquoi la tentation
est-elle, tout-à-la fois, si commune &
si terrible à vos Serviteurs ? Craignent-ils de
passer pour ce qu'ils doivent être, & de devenir trop reconnoissables, en demeurant dans
les justes bornes & les dehors étroits de leur
état ? rougissent-ils de paroître à vous par un
extérieur modeste, un langage sérieux, & des
sens mortifiés ? Quel avantage trouvent-ils
donc à ressembler toujours au monde par quelque endroit, & à diminuer ainsi votre Vérité

parmi les enfans des hommes, s'ils ne la détruisent pas tout-à-fait ? Ah ! qu'ils songent du moins à la triste alternative qui doit un jour changer la destinée de cette Babylone, & multiplier ses tourmens à proportion de son luxe & de ses plaisirs. Oui, mon Dieu, avec votre grace, cette seule pensée suffira désormais, pour m'inspirer autant d'amour pour la retraite, autant de sévèrité dans mes mœurs, autant de réserve & de simplicité dans toute ma conduite, que le monde affecte de dissipations, de mollesse & de superfluités : quand je vivrois même au milieu de lui, je ne craindrai point nne singularité si sage, & d'ailleurs si nécessaire : je me souviendrai toujours des terribles anathémes que votre bouche sacrée a prononcé contre lui ; & je n'aurai plus d'autres frayeurs, que de trop participer, malgré moi, à ses usages, de peur d'être mêlé dans ses châtimens.

III. SEMAINE DE L'AVENT.

REFLEXIONS POUR LE DIMANCHE.

DE L'ÉPITRE.

Réjouissez - vous sans cesse dans le Seigneur.
Philip. c. 4.

SE réjouir toujours, ce seroit la maxime que le monde goûteroit le plus ; mais les joies inaltérables ne sont pas pour ceux qui

ne les cherchent que dans les biens préfens.
La fragilité des objets auxquels ils s'attachent,
les révolutions humaines, & leurs propres caprices les expofent à des viciſſitudes cruelles.
Il leur refte mille chofes à defirer, quand ils
fe croient au comble de leurs vœux ; ce qu'ils
recherchoient avec le plus d'ardeur, eft fouvent ce qui les touche le moins. Ils s'effraient
de tout, & ils fe laſſent de tout : leurs voluptés, même les plus fenfibles, font toujours in-
quiétes ; l'incertitude de l'avenir vient troubler le préfent : certains intervales qui les rendent à leurs réflexions, empoifonnent toutes
leurs délices : ainfi la durée de leurs plaifirs
n'eſt jamais fort longue, ni la jouiſſance bien
aſſurée ; & toute leur joie, à la bien prendre,
confifte prefque à s'oublier eûx mêmes. Doublement malheureux d'avoir tant de paſſion
pour une joie continuelle, & de n'en pas
connoître la fource, ils ne fçavent ce que c'eft
que de fe réjouir dans le Seigneur.

Mais qu'on le comprend aifément,
quand une fois on eft revenu de l'enforcelle-
ment des vanités humaines ; quand on a commencé d'entrevoir les vrais biens ; quand on
fçait ce que c'eft que Dieu, ce qu'il eft pour
l'homme, & ce que l'homme gagne à fe foumettre à fes Commandemens ; quand on eft
moralement sûr de fon attente, & qu'on
en conçoit bien tout le prix ! Que de tranf-
ports fecrets on éprouve alors, & qu'on s'ap-

plaudit d'avoir découvert le tréfor de l'Evangile ! Que de plaifir intérieur on trouve dans le mépris même que la piété infpire pour tous les plaifirs ! Quel calme fuccéde à toutes les agitations que caufent dans l'ame les paffions du fiécle ! Combien on fe plaît dans les connoiffances que donne la religion, & avec quel charme fecret on s'occupe dans certains momens des grands fpectacles qu'elle offre aux yeux de la foi ! Que l'efprit enfin eft fatisfait de pouvoir entrer dans les confeils du Créateur, de le voir conduire à fes fins tout les évémens humains, & faire tout contribuer au bien de ceux qui l'aiment ! Telles font ces joies pures dont le fond ne tarit jamais, & que le vrai Chrétien porte par tout en lui-méme. Si fa foi, fi fon efpérance, fi fon amour pour Dieu ne s'affoibliffent point, rien ne peut empêcher fon cœur de s'épanouir au premier moment de réflexion. Redifons-le donc : Malheur à ceux qui méconnoiffent cette félicité fainte, qui ne veulent pas même goûter combien le Seigneur eft doux. Ils veulent fe réjouir fans ceffe, & fans ceffe ils fe tourmentent en vain pour y réuffir : ce n'eft dans la pourfuite des biens créés, que travail ingrat, que douceur fauffe, que continuelle inquiétude : il n'y a qu'un parfait détachement du monde, qu'un affujettiffement fidéle aux loix de la piété, qu'une application conftante aux objets du falut, qui puiffe rendre la joie de l'homme constante à son tour, autant qu'elle peut l'être ici-bas.

PRIERE.

QUE les enfans de ce siècle ténébreux se réjouissent donc tant qu'ils voudront de ses prospérités, qu'ils se laissent prendre aux attraits les plus amusans, qu'ils se plaisent dans le mensonge; pour moi, Seigneur, je ne me réjouirai qu'en vous; j'en prends la résolution avec votre grace. Mon plaisir désormais sera de rappeller vos bontés, de considérer les merveilles de vos desseins, & la multitude vos miséricordes. En quelque lieu que je sois, dans les occupations du jour & dans le repos de la nuit, si je puis me souvenir de mon Dieu, ce sera toujours avec une nouvelle effusion de joie. Dieu de mon cœur! tous ses desirs vous sont parfaitement connus; qu'il lui seroit doux de pouvoir ne s'occuper que de vous! Ne permettez pas du moins que je sois jamais sensible à d'autres plaisirs; afin que saintement obstiné à ne chercher ma consolation qu'en vous, je mérite d'être un jour introduit pour jamais dans la joie de mon Seigneur.

DE L'EVANGILE.

Les Juifs envoyerent à Jean des Prêtres &
des Lévites pour l'interroger sur ce qu'il étoit.
S. Jean chap. 1.

LES Juifs euſſent fait par ſimple curioſité ce
qu'ils font ici par devoir : déja toute la
Judée couroit en foule vers les bords du
Jourdain. Que faut-il pour attirer les regards
de la multitude ? un roſeau que le vent agite,
des perſonnes habillées avec luxe & moleſſe,
mille objets ſouvent plus frivoles encore. Race
curieuſe qui voulez tout connoître ; hommes,
connoiſſez-vous vous-mêmes. La Philoſophie
ancienne n'a point eu de précepte plus ſage,
& ce doit être pour nous l'étude de toute la
vie par les loix d'une philoſophie bien plus
élevée. Pourquoi tant de ſoins & de tourmens
pour apprendre une infinité de choſes dont
toute l'utilité ſe borne au ſtérile plaiſir de les
ſavoir ? Ignorons, s'il le faut, ſans regret, ce
que nous pouvons ignorer ſans danger ; mais
ne négligeons pas du moins la connoiſſance la
plus utile & la plus néceſſaire. Qui ne ſe connoît pas ſoi-même, ignore ſes devoirs, pré-
ſume de ſes forces, ſe prévient ſur ſon mérite ; il ne ſait ni ſe faire juſtice, ni la rendre
aux autres ; il penſe avoir droit de tout exiger
d'eux, il manque à ce qu'il leur doit ; il les
fait ſouffrir, & s'en plaint encore : il n'eſt content de rien, parce qu'il ſe croit digne de

tout ; il fort de fon état, il force fa diftinée : il veut être tout ce que la nature ne l'a point fait ; fouvent il s'éleve au-deffus de fes talens, & prefque toujours il demeure au-deffous de fes obligations : la préfomption lui fait entreprendre plus qu'il ne peut, & la lâcheté lui fait faire moins qu'il ne doit.

Sans gratitude pour les dons de Dieu, il s'attribue tout à foi-même ; l'orgueil avilit en lui le prix des vertus, & tarit la fource des graces. Il ne s'humilie point de fes ténèbres, il ne cherche point hors de fon propre fond la lumiere dont il a befoin pour ne point s'égarer. Il fait des chûtes qu'il éviteroit s'il avoit appris à fe défier de fes foibleffes : il veille peu, parce qu'il ne voit pas qu'il a beaucoup à craindre. Il s'expofe témérairement aux tentations ; il ne prie point dans le danger : s'il prie quelquefois lorfqu'il s'y trouve, fa priere eft fans ferveur & fans efficace, parce qu'il ne connoît pas affez fon indigence & fes fragilités pour les fentir vivement & pour en gémir comme il faut. Il fe méprend enfin dans le choix des biens qui fe préfentent à lui ; il s'attache à ce qui périt, pour n'avoir pas fondé fon propre cœur, & ce fond de defirs que rien ne peut épuifer que ce qui eft éternel.

PRIERE.

INÉVITABLES fuites d'une négligence auffi commune qu'elle eft funefte, à quoi m'engagez-vous ! Ah ! Seigneur, aidez-moi donc à bien démêler ce que je dois penser de moi-même. Je conçois combien cette connoissance m'est essentielle ; mais j'en sens toute la difficulté : mon amour propre m'en impose, mes passions m'aveuglent, tous mes penchans me tirent au dehors, & les objets des sens me font perdre de vûe ceux de l'esprit. Si j'écoute les hommes, ils sont séduits, la plûpart, ou me séduisent, & leurs jugemens ne font souvent qu'ajouter à mes ténèbres. Il n'est que vous, Seigneur, qui puissiez les éclairer & dissiper mes illusions : mettez moi donc dès-à-présent moi-même devant moi, comme vous m'y mettrez au dernier jour. Faites-moi découvrir à votre lumière ce que je suis & ce que je vous dois, afin que je sache vivre avec justice parmi les hommes & avec humilité devant vous : que je craigne tout de mon infirmité, que je ne compte que sur votre secours efficace & puissant ; que je ne m'attache qu'à vous, & que plein de mépris pour tout le reste, je ne borne point à des objets qui passent, des desirs que vous m'avez donnés pour un bien qui ne finit point.

POUR LE LUNDI.
DE L'ÉPITRE.

Oui, je le redis : Réjouissez-vous. S. Paul.
Philip. chap. 4.

ON a raison de redire aux Chrétiens de se réjouir sans cesse, parce qu'ils doivent se réjouir des maux mêmes. C'est la pensée de l'Apôtre & l'esprit de la Religion : toutes ses maximes nous apprennent à faire notre plus grande joie des plus grandes afflictions. Chacune, si nous y faisions bien attention, a pour nous son utilité. Les contradictionsr animent la vertu qui se négligeoit : on s'affermit dans l'amour de ses devoirs par les obstacles mêmes qu'on trouve à les remplir : les jugemens peu favorables, les reproches injurieux, les emportemens de caprice, les éclats de mauvaise humeur, les haines déclarées, les traitemens injustes nous obligent à nous observer de plus près, a régler nos paroles, à mesurer nos démarches, à réformer tout ce qui peut blesser des yeux trop délicats, ou scandaliser des esprits foibles, à considérer du moins si nous sommes sans reproche devant Dieu. La tentation même, la sensibilité que nous éprouvons dans ces contretemps, nous avertissent de ce qui nous reste encore de foiblesses. Les pertes nous guérissent de l'avarice, & nous apprennent à méprifer des biens qui peuvent nous être enlevés. Dans l'infirmité enfin, nous fentons la vanité des plaifirs, le poids de la mortalité, les défaillances de la nature, & l'incertitude de la vie. Nous voyons rompre les liens qui retiennent notre ame dans la prifon du corps; nous voyons la pouffière retourner en pouffiere, & nous favons qu'il y a tout à gagner pour nous dans la mort même.

Ainfi, ce que le monde appelle des difgraces, des adverfités, des infortunes, des malheurs, des peines, des chagrins, a d'autres noms dans le langage de la piété : ce font des faveurs de Dieu, des graces de préférence, & les gages de fon amour les plus précieux. La main qui nous frappe nous eft toujours chère : Dieu ne nous paroît en colère que quand il laiffe notre indolence tranquille, & nos vices impunis. Jamais il ne mérite mieux toute notre reconnoiffance, que quand il nous ôte le pouvoir de faire du mal, & qu'il réduit nos paffions à l'impuiffance de fe fatisfaire; que quand il enleve aux pécheurs les objets de leur péché même, & qu'il leur en ôte l'occafion & les reffources. Sur ces principes, avouons-le de bonne foi : ce n'eft rien pour nous de ne pas murmurer fous la verge qui nous corrige : c'eft trop peu de n'avoir dans la tribulation que de la patience; l'Evangile nous méne plus loin, & nous ne comprenons pas la perfec-

E iij

tion de ses maximes, non plus que nos solides intérêts, si nous ne nous croyons pas plus heureux, à proportion que nous avons plus à souffrir.

PRIERE.

JE n'ai donc ici qu'une grace à vous demander, Seigneur : que j'apprenne à vous bénir de ce qui cause l'impatience & le désespoir du monde ; que je regarde comme le plus grand de ses malheurs, de ne savoir pas combien les maux sont utiles. Que je mette au rang de mes plus beaux jours, ceux qui seront plus marqués par diverses épeuves ; qu'une foi vive accoutume mon cœur à ressentir cette espéce de joie dont il ne trouve point le goût dans la nature. Que j'éprouve la douceur de servir un Maître qui sait rendre ses serviteurs heureux dans le sein de l'affliction même. Que je me plaise dans mes infirmités, que je me glorifie des humiliations, que je m'applaudisse de voir ma vie partagée par la misère & par les traverses ; que je me félicite de ne trouver que de l'ingratitude & de la perfidie dans les créatures ; que l'injustice & la persécution du monde ne me cause que des transports ; & qu'aussi fidèle, mon Dieu, à bien user de vos coups, qu'attentif à bien reconnoître tout leur prix, je ne croie jamais avoir plus de graces à vous rendre, que quand vous ne m'aurez pas épargné ici-bas.

DE L'EVANGILE.

Jean le confeſſa, &-il ne le déſavoua pas ; il confeſſa qu'il n'étoit point le Chriſt. S. Jean. chap. 1.

ON éprouve l'or & l'argent par le feu, dit le Sage, & l'homme eſt éprouvé par la bouche de celui qui le loue : terrible & dangereuſe épreuve ! Il n'eſt point de tentation qui nous trouve moins prêts à réſiſter que celle de l'eſtime & des louanges : mais épreuve ſûre, qui nous découvre toute la vanité de notre orgueil, & la rareté d'une humilité ſincère & ſolidement affermie. Amoureux de notre propre excellence, pleins de l'idée que nous nous en formons, nous nous laiſſons prendre à tout ce qui la groſſit à nos yeux ; & notre fol entêtement va ſouvent juſqu'à nous rendre moins ſenſibles au plaiſir d'être loués de ce que nous ſommes, qu'à la joie de paſſer pour ce que nous ne ſommes pas. Ceux qui penſent trop bien de nous, ne ſont preſque jamais déſabuſés : leur erreur nous plaît, nous n'avons pas le courage de la diſſiper ; & l'amour de cette fauſſe eſtime a tant de pouvoir, qu'il force le vice même à ſe revêtir des apparences de la vertu. C'eſt lui qui ſuſpend nos penchans en certaines occaſions, qui nous oblige à nous contrefaire, à nous déguiſer, & à nous contraindre : en un mot, c'eſt lui qui fait les hypocrites, & qui eſt-ce de nous qui ne l'eſt

E iiij

pas jusqu'à quelque dégré ? qui est-ce qui n'aime pas plus la louange du bien que le bien même ? Si la crainte de paroître trop vains nous oblige quelquefois à nous défendre d'une louange excessive ou fausse, le désaveu public est bien-tôt démenti par la présomption secrette; & notre cœur se dédommage au moins de la modestie des discours par la vanité des sentimens.

Que chacun consulte le sien de bonne foi, qu'il en démêle bien les dispositions, il avouera qu'il se trouve plus estimable à proportion qu'il se voit plus estimé; qu'il croit toujours qu'en le louant même avec excès, on lui rend une espèce de justice; que s'il rejette un éloge dont il n'est pas digne, il seroit bien fâché d'avoir persuadé qu'il n'en mérite point du tout; qu'au fond, il se glorifie du mépris même qu'il fait de la vaine gloire; & qu'enfin il arrive, je ne sai comment, qu'il est plus enflé d'une humilité feinte, que d'un véritable orgueil. Quel trouble donc, quelles frayeurs intérieures doivent nous causer tous ces vains éloges que nous recevons avec tant d'avidité, & que nous savons même nous ménager avec tant d'artifice ! Que d'attention ils doivent inspirer ! Quel soin de nous retrancher dans notre néant pour nous défendre de la flatterie qui nous attribue ce que nous n'avons pas, ou de l'erreur qui nous loue de ce qui ne mérite pas d'être loué ! Ne nous le diſſimulons pas : ſans ces précautions, il n'eſt point de vaines opinions de nous-mêmes dont nous ne ſoyons prêts à nous laiſſer perſuader.

PRIERE.

JE vais donc vous le confeſſer, Seigneur, & je ne le déſavouerai point ; je vais, dis-je, vous confeſſer toutes mes foibleſſes, afin que vous en ayez pitié. Je connois l'aveuglement des hommes, je ſais quelle eſt l'incertitude & la fauſſeté de leurs jugemens, je ſais combien l'ignorance, l'intérêt & la flatterie font entrer de diſſimulation ou de fauſſeté dans leurs diſcours ; je ſais tout cela : & je ne puis être indifférent à leur eſtime, je me repais de cette chimère, & j'oublie que je ne ſuis rien que ce que je ſuis à vos yeux. Rappellez-moi donc ſans ceſſe à votre jugement, afin que, quelque bien qu'on penſe ou qu'on diſe de moi, je ne me reconnoiſſe jamais dans un portrait qui ne me repréſentera pas tel que vous me voyez. Que je ne ſouhaite point, mon Dieu, d'être loué des hommes, tandis que ma conſcience m'accuſe devant vous, & que je me diſe ſouvent à moi-même, que ces faux jugemens ne me ſauveront point de la ſévérité du vôtre.

E v

POUR LE MARDI.

DE L'EPITRE.

Que votre modestie soit connue de tous les hommes. S. Paul. Philip. chap. 4.

C'EST ici une grande leçon pour nous, si nous savons bien l'entendre. Les vices & les vertus résident dans la partie la plus secrette de nous-mêmes, il est vrai : mais leur empire s'étend sur l'homme entier. Le défaut de modestie, le désordre & la dissipation des sens, les démarches déréglées, peu graves & peu sérieuses, les manieres & les gestes peu mesurés, les tons de voix élevés, & bien d'autres défauts, ne peuvent être, pour l'ordinaire, que l'effet du trouble & des agitations de l'ame. Quand les passions sont bien soumises, quand la raison & la religion dominent, le calme du dedans se répand jusques dans les dehors. Ce n'est point ici cette retenue de la politesse humaine, qui n'est pas égale avec toute sorte de personnes, qui se trahit souvent elle-même, & qui s'échappe en mille occasions ; ce n'est pas non plus cette affectation de l'hypocrisie, qui n'est jamais sans contrainte : c'est un air naturel, des manières aisées & modestes, qui ne sont propres qu'à la vraie piété : c'est par-là qu'elle s'annonce d'elle-même, qu'elle se fait sentir à ceux qui s'approchent, & respecter de ceux mêmes qui ne l'aiment pas. Telle étoit l'impression de la sainteté des premiers fidèles : la seule vue d'un Chrétien inspiroit de l'estime, & souvent de l'amour pour une religion qui rendoit les hommes si aimables eux-mêmes. Leur douceur, leur affabilité, leur candeur, leur air sage & toujours égal à lui-même, faisoit honneur au Dieu qu'ils servoient.

C'est cette modération des mœurs que l'Apôtre nous recommande : il veut que toute notre conduite soit si mesurée, que le monde n'appercoive rien en nous, qui ne puisse l'instruire, l'édifier, le toucher : mais pour y réussir, il faut commencer par le cœur. Quand on est véritablement vertueux, il est aisé de le paroître ; & les attentions de l'extérieur ne coûtent guéres, quand les sentimens sont réglés. Jamais, du moins, on ne doit négliger ces attentions, ni oublier qu'elles obligent doublement certaines personnes par leur état. On s'en fait quelquefois un principe très-faux : on croit pouvoir dépouiller la vertu de ses dehors modestement composés : on affecte avec le monde toute la liberté du monde ; on en veut du moins garder certaines apparences : on veut le gagner, dit-on ; mais on le scandalise ; on se trompe soi-même, on étouffe des dispositions qu'on ne croit que déguiser ; & on n'est alors rien moins que ce qu'on se flatte d'être. Ce seroit un aveugle

E vj

ment grossier, de penser qu'on a rempli toute l'étendue de ses devoirs, quand on a satisfait à la lettre des préceptes ; mais c'est une illusion dangereuse, de prétendre conserver la vertu dans l'ame, tandis qu'on en abandonne les dehors.

PRIERE.

O Dieu ! qu'il me reste donc encore à réformer au dedans, puisqu'il m'échappe encore tant d'irrégularités dans la conduite : l'imprudence, la légèreté, les fausses démarches, les discours indiscrets, les airs dissipés, les folles effusions de joie ; c'est à ces traits que je me reconnois par tout moi-même. Hélas ! quand est ce donc que ma vie fera honneur au Maître que je sers ! Quand ma sagesse sera-t-elle la gloire de celui que j'ose appeller mon pere ? Ah ! Seigneur, que ce nom que vous m'avez permis de vous donner, vous engage aujourd'hui à me rendre digne de vous dans le corps comme dans le détail de mes actions ! Faites donc que je sois parfait comme mon pere du Ciel est parfait ; que je fasse tout, par proportion, comme vous, avec nombre, poids & mesure, afin que je puisse me laisser voir sans vous déshonorer, & que les hommes n'apperçoivent plus rien en moi qui ne leur soit un sujet de vous louer, ou un engagement à vous servir.

DE L'EVANGILE.

Que dites-vous de vous-même? Jean. c. 1.

IL n'eſt point de témoignage plus ſuſpect, & preſque toujours plus faux, que celui que nous nous rendons. Notre vanité nous aveugle ; nous nous repaiſſons ſouvent de l'idée d'un mérite qui n'eſt apperçu que de nous ; nous méconnoiſſons des défauts qui ne ſont ignorés de perſonne : la vérité qui nous condamne, s'offre inutilement à nos eſprits ; nous ne ſavons pas nous blâmer ; l'amour propre tourne tout à ſon avantage, & nous fait dire de nous le bien & le mal avec la même complaiſance. Il faudroit donc toujours être forcé par quelque néceſſité, pour expliquer ce qu'on penſe de ſoi, ſur-tout quand il s'agit de ſe louer. Que la louange nous vienne d'une bouche érrangère, c'eſt le précepte du Sage, pourvû que les autres l'obſervent dans les circonſtances convenables ; mais c'eſt, ſelon S. Paul, une eſpèce de folie de ſe louer, quoiqu'on y ſoit contraint. Les occaſions en ſont rares ; & ſi nous étions fidéles à retrancher celles que notre propre penchant fait naître, nous aurions une tentation de moins dans la vie : nous parlerions peu de nous, ſi nous nous condamnions à n'en jamais parler les premiers.

Mais il ne faut ſouvent ni nous preſſer, ni nous interroger : il n'eſt point de ſecret qui

nous péfe plus que celui du bien que nous faifons, ou des talens que nous croyons avoir.
Rien ne coûte tant à notre orgueil qu'un mérite ignoré ; nous brûlons de nous faire connoître, & fouvent nous facrifions nos plus
grands intérêts à cette impatience ; nous par-
lons avec les plus preffantes raifons de nous
taire, dans toutes fortes de lieux, devant
toutes fortes de perfonnes, fans égards, fans
ménagement, fans bienféance. Les converfa-
tions languiffent pour nous, dès que nous
ceffons d'en être le fujet en tout ou en partie :
nous ramenons-là le fil des entretiens les plus
détournés, & nous avons toujours quelque
efpèce d'éloge prêt à nous donner, pour faire
diverfion fur les louanges des autres. Ce *moi*
que la politeffe même du monde voudroit
bannir de toutes les bouches, revient à tout
propos dans la nôtre : nous irritonsla vanité de
ceux qui nous reffemblent, nous nous donnons, à leurs yeux, un ridicule qu'ils ne nous
pardonnnent point : nous nous expofons au
mépris des plus modérés ; nous découvrons
notre foibleffe aux flatteurs, nous leur ou-
vrons une route fûre pour aller à notre cœur,
& pour aller à leurs fins. C'eft ainfi que l'orgueil eft la fource de l'imprudence ; & la langue de l'imprudent, l'inftrument de fa perte.
Profitons de ces avis : c'eft le Saint-Efprit
lui-même qui nous les donne par la bouche
du Sage.

PRIERE.

OUI, mon Dieu, je reconnois que la facilité de parler de moi-même, est une des plaies de mon ame dont je dois le plus gémir. Je conçois toute l'injustice de ce penchant; je vois tout ce qu'il a de méprifable, je fens tout ce qu'il a de dangereux; & ces réflexions ne me guériffent pas encore. L'occafion me retrouve toujours avec toute ma foibleffe ; mes réfolutions font vaines ; & je me laiffe emporter à une tentation dont je ne redoute pas affez les fuites. Daignez donc, Seigneur, me regarder en pitié; daignez gouverner vous-même ma langue; foyez fans ceffe fur mes lèvres, comme une garde de circonfpection & de fageffe ; foyez fur-tout dans mon cœur, puifque c'eft toujours de fon fonds & de fon abondance que partent les paroles. Humiliez-le, ce cœur, par votre vérité; découvrez-lui toute la profondeur de mon néant, afin que la modeftie de fes fentimens fe répande toujours dans mes difcours. Que l'amour de mon devoir & le defir de mon falut, m'infpirent une retenue que le monde même à mife au rang des bienféances ; & qu'au lieu de réveiller l'orgueil des autres, mes entretiens ne foient plus propres qu'à leur infpirer une humilité véritable.

POUR LE MERCREDI.
DE L'EPITRE.

Le Seigneur n'est pas loin. S. Paul Philip. c. 4.

ON peut dire que la grande différence du juste & de l'impie, c'est que l'un perd de vûe les jugemens du Seigneur, & que l'autre les a sans cesse présent. Le mal ne se commet pas toujours avec un dessein réfléchi & déterminé : un reste de respect pour Dieu ne permet pas au pécheur d'être indifférent à sa disgrace ; & il craindroit du moins les rigueurs de sa justice, s'il y pensoit, & s'il la croyoit plus proche. C'est donc toujours par l'oubli qu'il commence, la crainte s'évanouit ensuite, & c'est la sécurité qui le conduit aux derniers excès. Qu'on s'imagine, au contraire, une ame attentive qui voit sans cesse Dieu comme devant elle, & qui se souvient toujours qu'elle agit sous ses yeux : quel frein pour les passions ! quelle source de religieuses frayeurs ! quel langage énergique & capable de frapper les plus sourds ! Celui qui doit me juger n'est pas loin ; il est lui-même témoin de toutes mes œuvres ; il découvre & mes actions, & le principe qui me fait agir : il ne peut me venir une pensée, je ne saurois former un desir qui ne lui soit connu, & rien n'échappe à ses regards. Où fuirois-je donc ?

Les lieux les plus reculés ne m'éloigneroient point de lui ; la nuit a pour lui toute la clarté du jour ; & les ténèbres me trahiroient, si j'avois compté sur leur obscurité.

Que chacun se consulte soi-même dans ce moment, & qu'il voie si avec cette pensée, il seroit assez hardi pour affronter le juste courroux d'un Dieu, & assez insensé pour aller de sang froid se livrer lui-même à ses vengeances. Une telle audace n'est pas même croyable, disoit un apologiste de notre foi. Serons-nous donc les seuls innocens, disoit un autre ? Et pourquoi non, s'il est nécessaire que nous le soyons ? Or, c'est pour nous la nécessité la plus pressante, & l'unique que nous ayons. Disons ce qu'il nous plaira : on ne concevra jamais aisément, que des hommes dont toute la vie se passe sous les yeux d'un Dieu qui voit tout ; des hommes qui le regardent comme leur modéle, comme leur régle, comme leur Juge, puissent avoir la pensée réfléchie du moindre crime. C'est ce qui autoriseroit à dire qu'un Chrétien ne sçauroit être mauvais, si sa religion n'est pas une feinte ; & cette pensée qui paroîtroit outrée, ne l'est peut-être pas autant qu'elle le paroît. Quoi qu'il en soit, si nous croyons aujourd'hui pouvoir allier le christianisme avec quelque déréglement marqué, c'est notre lâcheté qui le dégrade sans pudeur, c'est notre infidélité qui rend témoignage contr'elle-même.

PRIERE.

NON, mon Dieu ! je sens bien que le respect que vous m'avez inspiré pour vous, ne me permettroit pas de vous offenser, si je n'oubliois jamais que vous me voyez : & pour soutenir ma fidelité, je n'ai besoin que de la foi vive de votre présence. Augmentez-la donc en moi, Seigneur, ne permettez pas que jamais je vous éloigne de ma pensée. Eh ! pourquoi chercherois-je moi-même à vous fuir ? Que puis-je souhaiter de plus avantageux, que d'agir sous les yeux d'un Maître bon, puissant, juste & fidéle à rendre à chacun selon ses œuvres ; d'un Maître qui me donne la liberté d'invoquer sa grace pour éviter le mal qu'il pourroit punir, comme pour faire un bien qu'il veut récompenser, & dont rien ne sera perdu pour moi devant lui ? Oui, mon Dieu, ce doit être-là ma plus solide consolation dans l'inévitable nécessité de vous avoir pour témoin de tous mes mouvemens. Soyez-en toujours le principe, le modérateur & le guide : faites-moi marcher devant vous comme Abraham votre serviteur ; & que je ne vous perde jamais de vûe dans aucun lieu, comme n'étant jamais éloigné du moi.

DE L'ÉVANGILE.

Je suis une voix qui crie dans le desert.
S. Jean. chap. 1.

VOILA toute la réponse de Jean-Baptiste aux députés des Juifs ; il n'en dit pas davantage en parlant de lui-même. Eh ! de quels termes devrions-nous donc nous servir nous-mêmes, quand il s'agit de nous ? Une herbe qui se séche ; une fleur qui naît le matin, qui se flétrit au milieu du jour, & qui tombe le soir ; une vapeur qui s'éleve pour un moment ; une fumée qui s'évanouit ; une nuée qui se dissipe ; une ombre qui s'enfuit ; une voix enfin, un son qui frappe les airs, & qui ne s'entend plus : voilà les images que l'Ecriture offre à l'homme de lui-même, & les plus hautes idées qu'il doit s'en former. Ce n'est pas même assez, pour satisfaire à tout ce que nous devons à Dieu, de nous croire peu de chose ; il faut que nous nous mettions, à ses yeux, au rang des choses qui ne font pas. De notre propre fonds, nous ne sommes rien de tout ce que nous sommes : si nous avons quelque perfection, s'il se trouve en nous quelques qualités estimables, regardons-les des mêmes yeux dont nous voyons le reste des beautés de la nature. Admirons & adorons dans nous-mêmes la sagesse & la puissance du Créateur.

Avec des vûes si justes, on est humble sans être ingrat, & sincère sans cesser d'être modeste : on reconnoît ses qualités, sans rien dérober à Dieu de la gloire de ses dons ; & dans la nécessité de s'expliquer sur ce qu'on est, l'humilité peut ressentir encore quelque peine, mais elle n'en affecte point. On parle, on se rend témoignage, mais avec une simplicité qui ne songe qu'à rendre témoignage à la vérité. C'est sur ces principes qu'il faut s'examiner pour décider s'il est quelquefois permis de dire du bien de soi. Mille scrupules inquiétent à ce sujet une ame timorée : l'humilité se trouve comme embarrassée d'elle-même, elle craint de faire des aveux trop favorables à l'orgueil, ou des désaveux contraires à la reconnoissance. Il est vrai que nous sommes si corrompus, que nous avons toujours sujet d'appréhender que le vice ne naisse en nous à l'occasion de la vertu même ; mais il ne faut pas penser qu'il y ait une vertu qui puisse autoriser le mensonge & l'ingratitude, ou les justifier. Ce qui fait les cœurs vraiment humbles, n'est donc pas de penser ou de dire qu'ils n'ont pas ce qu'ils ont, mais de n'oublier jamais qu'ils l'ont reçû, sur-tout quand il s'agit de le confesser. La gratitude se satisfait alors, la modestie n'en souffre point, & toute justice est accomplie.

PRIERE.

Mon Dieu, que je suis éloigné d'une disposition si pure & si désintéressée ! Ma reconnoissance pour vos bienfaits est tou-

jours mêlée de la complaisance qu'ils me causent. Ce n'est que le plaisir de m'occuper de
ce que je suis, qui me rappelle à la pensée de
ce que je vous dois. Si je publie vos graces,
c'est pour m'en faire honneur ; & j'aime à partager une gloire qui vous est dûe toute entiere. Oui, mon Dieu ! je reconnois aujour-
d'hui l'injustice que je vous fais, j'en rougis
devant vous, je vous en demande pardon, &
je la désavoue pour toujours. Je ne me regar-
derai désormais que comme une argile formée
de votre main, que comme une cendre ani-
mée de votre soufle ; je ne me montrerai que
comme l'ouvrage de votre miséricorde & de
votre patience : & si je suis obligé d'avouer
que vous avez fait en moi quelque chose de
grand, ce ne sera que pour faire admirer la
grandeur de votre puissance & la magnifi-
cence de vos dons.

POUR LE JEUDI.

DE L'ÉPITRE.

Ne vous inquiétez de rien. S. Paul. Philip. c. 4.

NE s'inquiéter de rien, c'est un précepte
dont l'usage doit s'étendre à toutes les
situations de la vie de l'homme ; il faut qu'il
travaille, qu'il souffre, qu'il attende, qu'il
s'ennuie, qu'il s'afflige même quelquefois,
qu'il soit sujet à des regrets, & qu'il sente les

peines de son état ; mais toujours sans inquiétude : c'est elle qui est toujours la portion la
plus amère, & qui fait une partie de ses malheurs, de ses tentations & de ses fautes : sans
elle, ses peines lui deviendroient plus supportables, il ne chercheroit jamais de ressource
dans le crime, il éviteroit les inconstances &
les changemens d'état, il rempliroit par tout
ses devoirs avec plus de perfection, s'il savoit
posséder son ame, & se souvenir du moins,
que les inquiétudes qui le tourmentent beaucoup, ne lui servent jamais de rien. Que nous
revient-il, en effet, de tant de craintes & de ti-
mides prévoyances qui nous troublent jusqu'à
nous faire négliger nos plus importantes obligations, jusqu'à nous rendre incapables de les
remplir, & toujours prêts à les violer ? Nous
ne saurions ni remuer les ressorts du monde,
ni prévenir d'un moment l'ordre de la Providence, ni changer en rien sa conduite : nous
ne savons pas même juger au vrai de ce qui
nous est utile ; & souvent nous desirons ce
qui nous nuit, parce que nous sommes un mystère à nous-mêmes.

La vraie sagesse pour nous, la vraie prudence & la source du repos, c'est de ne desirer que ce que veut celui dont la puissance ne
peut être arrêtée par aucun obstacle ; c'est de
se reposer sur les soins de celui dont la sagesse
ne peut être surprise dans ses vûes ; c'est de
compter enfin invariablement sur l'amour de

celui qui est le fidèle, le véritable, & qui ne se dément point lui-même. Il est vrai que sa volonté toujours juste exige toujours de nous la soumission : mais quelle confiance sa bonté ne doit-elle pas nous inspirer ! Il ne hait rien de tout ce qu'il a fait : ses ennemis même partagent ses bienfaits avec ceux qui lui sont fidèles. D'où nous vient donc l'inquiétude ? Avons-nous quelquefois réfléchi sur ce que nous devons à Dieu ? Le passé ne nous seroit-il pas un sûr garant de l'avenir ? Ce qu'il a fait pour nous répond de ce qu'il doit faire. Peut-il nous manquer s'il nous aime ; & s'il ne nous aimoit pas, subsisterions-nous seulement au moment que nous nous inquiétons ? Nous nous occupons trop de nos besoins & de nos dangers, & trop peu de celui qui se dit notre ressouce & notre protecteur : il sait parfaitement ce qui nous convient ; & si quelquefois il nous refuse ce qui nous paroissoit nécessaire, c'est assûrément qu'il trouve pour nous un moindre avantage à nous l'accorder qu'à nous en priver. Ne nous inquiétons donc de rien : &, quoi qu'il nous arrive, soyons fortement persuadés que nos intérêts ne sauroient être mieux qu'entre les mains du Dieu que nous adorons : c'est-là notre religion, c'est-là la foi chrétienne que nous professons.

P R I E R E.

EH ! où en seroit en effet cette foi, Seigneur, où seroit ma reconnoissance, si

je craignois, où si j'hésitois un moment de ver-
ser dans votre sein toutes mes inquiétudes ?
Ne suis je pas trop heureux que vous vouliez
bien les prendre sur vous ? Eh ! de quoi dois-
je m'inquiéter, tandis qu'un Dieu qui m'aime
& qui peut tout, veille pour moi ? Que vous
êtes bon d'avoir toujours les yeux ouverts sur
un serviteur inutile ! Eh ! quelle seroit ma folie de ne vouloir pas me reposer sur vous !
Quand m'avez - vous manqué depuis que je
respire ? Vous m'aviez formé dans le sein de
ma mère, vous me reçûtes entres vos bras
quand je vins au monde : & depuis cet instant,
vous avez toujours été mon unique ressource.
Non, mon Dieu, c'en est trop pour ma confiance, soutenez-la, réglez-la par votre grace ;
faites que je ne doute jamais un moment de
vos attentions, & que je n'aie désormais d'autre inquiétude que celle de les mieux mériter.

DE L'EVANGILE.

Pour moi je ne baptise que dans l'eau.
S. Jean. chap. 1.

L E caractère le plus odieux dans la société,
c'est celui de présumer de soi-même, &
de ne rien trouver de bien que ce qu'on
fait. Mais un tel caractère est encore moins
tolérable dans la religion : & cependant il
est malheureusement aussi commun dans l'une
que dans l'autre. Que les hommes éminens sont

rares

tares en tout genre. On dit, & il est vrai, que les habiles ouvriers, les grands génies ne sont jamais contens de leurs ouvrages : ils ont une idée de perfection dont ils se trouvent toujours très-éloignés. Mais, plus il y a de médiocrité dans les talens & dans les lumières, plus il y a communément de vanité dans la tête. On ne veut rien ignorer ; on se figure qu'on seroit capable de tout : chacun se prévient pour sa profession, s'admire dans son travail, & croit faire ou ce qu'il y a de mieux, ou de la meilleure maniere.

Folle présomption ! que n'es tu du moins bannie des œuvres du salut, dont tu fais perdre le prix & la récompense ! Quand on s'estime peu soi-même, on estime encore moins ce que l'on fait ; mais l'orgueil est une étrange maladie dans l'homme depuis son péché : toujours quelque reste d'entêtement de notre mérite personnel nous conduit aisément à présumer de notre propre justice ; & qu'est-ce pourtant que la justice dans l'homme ? un Baptême d'eau. Qu'est-ce que l'homme lui-même à l'égard de ses devoirs ? une goutte d'eau sans consistance, qui voudroit se recueillir, & qui se répand ; une ame fragile, qui s'échappe à elle-même, qui fait des efforts pour s'élever au-dessus de ses penchans, & qui, laissée un moment à elle même, retombe sous son propre poids ; un esprit dissipé, qui change à tous momens de vûes & de projets ; un

Tome 1.   F

cœur toujours flottant, dont rien ne fixe les desirs ; une volonté foible, qui se laisse entraîner au mal malgré ses plus fortes résolutions pour le bien, Avec tant d'imperfections, s'il y a chez nous quelque trace de justice, combien n'est-elle pas superficielle ! Les souillures de l'ame les plus grossières sont peut-être enlevées, il est vrai, mais il y reste toujours une infinité de taches qui la défigurent. Avec quelle lâcheté nous rendons-nous à nos obligations ! quelle plénitude de cœur y faisons-nous paroître ! combien échappe-t-il à notre fragilité de négligences & de petites infidélités ! nos meilleures œuvres, de quelle tiédeur ne sont-elles pas accompagnées ! de combien de vues étrangères sont-elles mêlées ! nous rendent-elles dignes de l'amour ou de la haine de Dieu ; &, dans cette incertitude, pouvons-nous en parler avec trop de réserve, avec trop de modestie ?

PRIERE.

HELAS ! Seigneur, quand ma justice seroit moins imparfaite, quel droit aurois-je de m'en louer ? Tout don parfait descend de vous, ô Pere de lumières, & sans vous je ne puis rien. Quand ma fidélité pour vous ne se seroit jamais démentie, je n'aurois fait que ce que j'ai dû faire, & je vous serois toujours un serviteur inutile, à qui vous ne devez rien. Malheur donc à moi, mon Dieu, si je suis ingrat, parce que vous ne m'épargnerez pas ;

Mais si je suis juste, j'espere, avec votre grace, que je ne m'en éleverai point; je ne cesserai point de vous supplier, comme mon Juge; je serai toujours prêt à confesser devant vous & devant les hommes, que je suis le premier des pécheurs.

POUR LE VENDREDI.

DE L'ÉPITRE.

De quoi que ce soit que vous ayez besoin, demandez-le à Dieu par des supplications & des prières suivies d'actions de graces. S. Paul. Philp. c. 4.

QUAND l'Evangile nous dit de prier toujours, c'est moins un devoir qu'il nous impose, qu'une ressource qu'il nous découvre. De notre propre fond, nous sommes dans une indigence générale & continuelle. En quelque état que nous soyons, nous ne nous trouvons jamais sans quelque besoin; mais quelque pressant qu'il soit, le sentiment n'en doit jamais aller jusqu'à l'inquiétude. On cesse d'être pauvre dès qu'on sait prier; & le Seigneur est toujours prêt à secourir ceux qui l'invoquent. Il n'est porté par la nature de son être qu'à se répandre, & il préviendroit même nos desirs, s'il ne consultoit que sa bonté, mais il ménage sagement notre foiblesse, & nous laisse sentir notre pauvreté pour nous, défendre des orgueilleuses pensées que l'abondance inspire. Il nous retient dans la dépendance, en nous accoutumant à tout attendre de lui. Ce n'est point au désespoir qu'il veut nous mener par cette conduite, c'est à la confiance, soyons-en bien convaincus. Eh! qu'importe que tout nous manque de notre fond, s'il ne faut que le demander humblement pour l'obtenir? Ses refus, ou ses délais nous causent quelquefois des doutes sur sa bonté pour nous; mais prenons-y bien garde: s'il refuse ou s'il diffère de nous écouter, ce n'est souvent que nos propres retardemens & nos lenteurs à le prier, qu'il punit. Il se venge de l'outrage que nous lui faisons de le regarder comme notre pis-aller, & de ce que nous ne recourons à lui qu'après avoir tenté toute autre ressource.

Apprenons donc une bonne fois, qu'il doit être toujours le premier à qui nous fassions connoître nos besoins, parce que de quelque côté que les secours paroissent venir, c'est toujours à lui que nous les devons. Nous nous imaginons quelquefois qu'il ne nous exauce point, parce qu'il voile sa conduite, & qu'il n'emploie pour nous secourir que les ressorts communs de la Providence; mais en est-il moins présent, quand sa puissance se cache sous les moyens humains? C'est toujours lui qui ouvre pour le pauvre la main du riche; c'est toujours lui qui tourne vers nous le cœur des princes; c'est lui qui commande aux flots durant la tempête, qui raméne le calme après l'orage, qui suspend les coups de ceux qui menacent, qui met des bornes à la fureur de ceux qui persécutent, qui arrache le foible de dessous les pieds de ceux qui l'oppriment, qui détourne les tentations, ou qui nous en fait sortir avec avantage. Il faut donc lui tout demander absolument, & le remercier de tout, parce que tout vient de lui.

PRIERE.

A Qui, Seigneur, irois-je donc exposer mes nécessités, & les desirs de mon cœur, si ce n'est à vous? Les hommes, tout mauvais qu'ils sont, savent donner de bonnes choses à leurs enfans : que ne dois-je pas attendre d'un pere tel que vous ? Non, mon Dieu, tandis que vous me permettrez & que j'oserai vous appeller de ce nom, mon indigence ne m'inquiétera point. A quelque extrèmité que je me trouve réduit, de quelque malheur que je sois menacé, en quelque lieu que je me trouve durant le jour & pendant la nuit, inspirez-moi de vous prier sans cesse, ouvrez la bouche de mon cœur pour vous parler, &, soit que vous m'accordiez, ou que vous me refusiez ce que je vous aurai demandé, je ne douterai point que vous ne m'ayez écouté pour mon salut: mes prières seront toujours suivies d'actions de graces.

F iij

DE L'EVANGILE.

Je ne suis pas digne de dénouer les courroies de sa chaussure. S. Jean. c. 1.

L'EPREUVE de l'humilité la plus difficile à soutenir, c'est celle de la comparaison. Quelque répugnance que nous ayons à nous avilir dans notre esprit, le sentiment de nos misères & l'expérience de nos foiblesses nous y fait pourtant consentir en certains momens; mais en avouant que nous ne sommes rien, nous souffrons impatiemment que les autres paroissent auprès de nous quelque chose. Le seul parallèle nous blesse, & la préférence nous désespére. Nous voulons bien rendre justice au mérite, pourvû que son éclat ne nous efface point; nous louons rarement ceux qui concourent avec nous dans les mêmes rangs, dans les mêmes emplois, dans les mêmes études; ou si nous louons sans peine, ce n'est que quand nous nous croyons bien assurés de notre supériorité, pour relever notre propre mérite par un air de discerne-ment & d'équité; peut-être quelquefois, pour cacher notre jalousie sous le voile d'une fausse humilité.

Cette vertu, en effet, pour être sincère, doit nous mettre si bas à nos propres yeux, que tout nous paroisse réellement au-dessus de nous. Le sentiment de notre néant nous occupe alors tout entiers; nous n'avons plus

d'yeux pour les défauts des autres ; nous n'o-
fons même penfer qu'il y ait quelque chofe de
plus imparfait que nous ; nous refpectons tout ,
nous fommes prêts à nous foumettre à tout.
Ces déférences, ces témoignages d'honneur
dont on fe prévient ; ce nom de ferviteur
qu'on prend à chaque inftant, fans en avoir
l'efprit ; tout ce langage de pure civilité, qui
n'a plus de vérité dans la bouche des gens du
monde, fe vérifie dans un cœur vraiment
humble. Il fe croit indigne des moindres
égards, incapable des emploi les moins rele-
vés. La vie cachée, l'oubli des hommes, la
dépendance , l'affujettiffement , le dernier
rang par-tout, voilà, dans fon efprit, ce qui lui
convient. Ce n'étoit point affectation dans les
Saints, quand il falloit les forcer d'accepter
les dignités de l'Eglife , & de prendre la conduite de leurs frères ; leur fuite, leur réfiftance, leurs larmes n'étoient point feintes, ils
ne pouvoient regarder la violence qu'on leur
faifoit que comme la peine de leurs péchés. Il
faut céder pourtant quand la volonté de Dieu
fe déclare ; c'eft un devoir alors d'accepter
une place qu'on fuyoit par une modeftie louable, & qu'on n'auroit pû rechercher qu'avec
indécence ; mais dans notre élévation même
nous ne devons point ceffer de nous croire
tout dévoués aux ufages de ceux qui nous
ont élevés.

F iv

PRIERE.

AVEUGLE que je fuis ! il faut donc que je me connoiffe bien peu, pour avoir des fentimens fi différens de ceux qui me font propofés pour modéles. Enflé fecrétement des dons que j'ai reçus de vous, ô mon Dieu, je m'éleve au deffus de moi-même, au lieu de m'y comparer avec juftice, & mon état me paroît toujours au-deffous de mon mérite. Je crois fouvent avoir plus de talens, plus de lumières, plus de prudence, plus de fermeté, plus de vertu que ceux que vous m'avez préférés ; je murmure en fecret de vos ordres, & ma jaloufie va quelquefois jufqu'à l'impatience. Je me laffe d'obéir, je ne cherche qu'à fecouer le joug en tout ce que je puis, & qu'à me tirer du rang où vous m'avez mis. Je me crois digne d'un autre fort que celui que vous m'avez fait, & j'afpire par mon propre penchant à l'indépendance. Les chofes commandées me deviennent à charge, quelque juftes & fïciles qu'elles foient d'ailleurs, & je ne trouve du plaifir que dans celles qui font de mon choix. Dans quelle école ai-je pû prendre de pareilles difpofitions ? Ce n'eft affurément, ni dans la vôtre, ni dans celle de vos Saints formés par votre efprit. Confondez une bonne fois, Seigneur, toutes mes orgueilleufes penfées ; rappellez moi fans ceffe à la baffeffe de mon origine, à la honte de mes prévarications, & ne permettez pas que j'oublie

jamais le néant d'où vous m'avez tiré, & celui
où le péché m'a réduit.

POUR LE SAMEDI.

DE L'EPITRE.

*La paix de Dieu qui est au-dessus de toutes
les pensées, tiendra vos esprits & vos cœurs
tranquilles en Jesus-Christ S. Paul. Philp.
ch. 4.*

IL n'est point de paix pour les impies, pour
ceux qui ne mettent pas en Dieu tout leur
bonheur, & qui vivent comme sans lui dans le
monde. L'oracle en est prononcé : la paix dont
il paroissent quelquefois jouir, n'est qu'une
paix fausse & mal assurée. L'homme n'est pas
le maître de cet univers, il n'y possede rien qui
ne lui puisse être enlevé ; sujet aux infirmités
de la nature, à la rigueur des saisons, à l'inconstance des amitiés, à l'injustice de toutes
les passions humaines, il dépend de tout, &
n'est sûr de rien, pas même du moindre de ses
instans, pas même de sa propre constance. Au
dedans, au-dehors, tout peut troubler malgré
lui son repos, & le priver de toutes ses ressources. Mais quand l'homme vient à s'élever à la
connoissance de son Dieu, quand il a compris
qu'il est son vrai bien, & que ce bien ne lui
peut être ravi que par ses propres infidélités,
il conçoit alors qu'il ne doit plus avoir d'autre

inquiétude que celle de lui plaire ; qu'il peut se décharger sur lui de tous les autres soins ; qu'il n'a qu'à lui découvrir ses besoins avec confiance, mais avec résignation ; qu'il lui est indifférent s'il l'écoute, ou s'il le refuse ; qu'il doit recevoir de lui les biens & les maux avec la même gratitude, ne se plaindre jamais des privations, parce que l'idée de Dieu lui répond que l'épreuve est toujours juste & toujours réglée sur quelque vue de miséricorde.

Il vit donc sous les yeux du souverain maître, comme ne devant répondre qu'à lui de ce qu'il fait, comme ne devant rien espérer & ne rien craindre que de lui seul. Il se laisse aller au cours du monde, & voit d'un œil égal ses prospérités & ses revers : c'est ce vrai sage qui se verroit tranquillement accablé sous les ruines de l'univers. Telle est cette paix que Saint Paul appelle la paix de Dieu ; c'est à-dire la paix qui naît d'une confiance immobile en sa puissance, en sa sagesse, en sa bonté ; la paix qui bannit de l'esprit toutes les sollicitudes de la vie ; la paix qui répand dans le cœur des douceurs au dessus de toutes les pensées. Tout ce que la figure de ce monde a de charmes, les délices du siécle les plus parfaites, ses plaisirs les plus touchans, n'ont rien qui puisse aider à concevoir cette paix qui rend Dieu sensible à l'ame, & qui rend l'ame insensible à tout le reste. Plus ce détachement est parfait, plus cette paix devient inaltérable. C'est cette dispofition qui nous met en état de défier le monde entier de nous troubler, qui rendoit les Saints immobiles au milieu de ses perfécutions les plus cruelles , & qui faisoit toute leur constance à persévérer dans la doctrine de Jesus Christ dont elle étoit le fruit.

P R I E R E.

FAITES donc , Seigneur , que cette paix regne dans mon cœur ; faites qu'elle y triomphe de toutes les agitations Je la cherche , je la poursui par tout, & c'est vous qui m'en avez imprimé le desir ; mais je sens bien que je ne la trouverai jamais, tandis que je ne la chercherai pas en vous seul. Aidez-moi donc , Seigneur, à me détacher de plus en plus de moi-même. Affermissez-moi par une grace forte dans le mépris des créatures ; que je ne souhaite rien dans la vie, dont la possession puisse me causer de l'impatience, ou la privation de l'inquiétude ; que je regarde la misère & la félicité du monde avec une égale indifférence ; & que soumis à vos ordres avec un désintéressement parfait , ma tranquillité ne puisse être troublée que par la crainte de vous déplaire & de vous perdre.

F vj

DE L'EVANGILE.

Ceci se passa à Bethanie près du Jourdain, où Jean baptisoit. S. Jean. c. 1.

CE n'est pas en vain que les Evangélistes marquent quelquefois avec beaucoup de précision le tems & le lieu de certains évènemens. Le Saint Esprit veut nous rendre attentifs à tout : & s'il y a quelque histoire intéressante & digne d'une sainte curiosité dans toutes ses circonstances, c'est sans doute celle de la Religion. C'est comme l'histoire de Dieu même, de l'exécution de ses projets éternels, de sa conduite avec les hommes, de ses promesses & de ses menaces, de ses faveurs & de ses châtimens. Moïse avoit pris un extrême soin d'en conserver la tradition parmi son peuple; il vouloit qu'il se souvînt des jours anciens, qu'il remontât jusqu'aux premières générations ; que les enfans interrogeassent les pères, & que les pères racontassent à leurs enfans tout ce que le Seigneur avoit fait pour eux. Chaque fête, chaque cérémonie du culte étoit instituée pour rappeller le souvenir de quelque bienfait : les murmures mêmes de ce peuple, son ingratitude, ses infidélités, son châtiment & son repentir, étoient transmis à la postérité par les noms nouveaux qu'on donnoit aux lieux où les évènemens s'étoient passés.

Ce qui s'étoit opéré dans la Judée par le

ministère de Jean-Baptiste, de Jesus-Christ, & de ses Apôtres, parut digne des mêmes attentions : on en recueillit les faits avec soin, ils furent fixés, comme on le voit ici, par les circonstances du temps & des lieux ; &, dès que l'Eglise fut paisible, ce fut la dévotion des fidéles d'aller visiter cette terre, où tant de merveilles s'étoient accomplies. On consacra tous les lieux que Jesus-Christ avoit honorés par des circonstances particulières de sa vie & de sa mort ; on recherchoit jusqu'aux moindres vestiges de ses pas ; on vouloit être baptisé, comme lui, dans les eaux du Jourdain. Tout est, en effet, précieux à une foi vive ; elle ne laisse rien échapper, & s'empresse de se faire un mérite de tout. Mais la plus indifférente, peut-elle ne se pas faire un devoir de s'instruire au moins, & de se remplir des évènemens qui lui servent de motifs & d'objets ? On s'épuise en recherches pour découvrir la naissance des Empires, leurs progrès, leurs révolutions & leur décadence : chacun veut sçavoir l'origine de sa famille & l'histoire de sa patrie : pourquoi prendre si peu d'intérêt à l'établissement du regne de Dieu sur la terre ; comment il s'est fait un peuple choisi ; s'il a donné lui-même ses loix aux hommes ; s'il leur a promis des récompenses ; s'il doit les punir de leur désobéissance ? Qu'y a-t-il dans le monde qui nous touche de plus près, & dont nous puissions nous occuper avec plus de plaisir, si nous le croyons assez pour concevoir des espérances conformes à notre destinée ? Quel exercice donnons-nous à notre foi ? A quoi employons-nous notre temps, si de tels objets n'en remplissent pas tous les jours la meilleure partie ? On auroit beau chercher de quoi justifier sur ce point l'oubli ou l'indifférence, l'un & l'autre ne peuvent être ici que l'effet de l'aveuglement ou de la stupidité.

PRIERE.

QUOI, mon Dieu ! vous auriez daigné parler vous-même aux hommes, leur imposer des devoirs, leur donner des assurances de salut, leur apprendre les conseils de votre grace sur eux ; & je l'entendrois dire avec froideur, sans m'empresser de les méditer, & de m'en instruire de plus en plus ! Je regarderois comme étrangers pour moi, & je craindrois même d'approfondir des faits tout divins, dont la vérité devroit me mettre au comble de mes vœux & de ma joie ! Ah, Seigneur ! ayez pitié d'un cœur aveugle sur ses plus grands intérêts ; dites lui que c'étoit vous qui parliez autrefois, & que c'est vous-même qui parlez encore aujourd'hui dans tout ce que ma Religion m'apprend de vous. Qu'avec cette ferme conviction, les Livres sacrés & les merveilles de votre Eglise deviennent mon étude la plus chère ; que j'y cherche désormais, avec un saint empressement, tout ce que vous avez fait, & tout ce que je vous dois; que j'y trouve chaque jour l'exercice de cette foi chrétienne qui vous rend sensible au cœur; & que je me fasse, de chaque circonstance de votre conduite, une raison de vous servir toujours avec plus de fidélité.

IV. SEMAINE DE L'AVENT.

RÉFLEXIONS POUR LE DIMANCHE.

DE L'ÉPITRE.

Que les hommes nous considerent comme des Ministres de Jesus - Christ, & des dispensateurs des mystères de Dieu. S. Paul. 1. Cor. c. 4.

DIEU veut que les hommes soient instruits & conduits par les hommes; & dans ce nouveau commerce de besoins & de services, il offre à la charité qui doit les unir, de nouveaux devoirs & de nouveaux motifs. D'un côté, c'est la pitié, le zèle & la patience qui s'exercent; de l'autre côté, la confiance, le respect & la reconnoissance. Rien de plus sage, selon les vues de la Providence; & si les fidéles savoient entrer chrétiennement dans ces vues, ils ne tomberoient pas, comme ils font trop communément, dans les illusions d'un amour propre qui se glisse par tout, qui corrompt tout, & qui abuse de tout. Au lieu de considérer, en effet, avec des yeux chrétiens, la grandeur & la nécessité du ministère, on s'arrête aux talens humains & aux qualités personnelles : on ne juge que par les sens, les choses où la foi seule devroit agir : on se lie, on s'attache, on se prévient par caprice & par humeur : ce n'est point l'intérêt de son ame, ce n'est point son devoir ou ses véritables besoins, c'est son goût & son penchant qu'on consulte par une méprise funeste qui devient trop souvent l'écueil du salut. C'est l'homme seul, enfin, qu'on cherche dans le Ministre de Dieu ; la parole n'est plus écoutée que comme la parole de l'homme : on ne voit dans les mystères que l'on reçoit, que la main qui les dispense ; & à juger par les idées que certaines personnes se forment, il faudroit presque leur demander si c'est Paul ou Céphas qui ont été crucifiés pour elles ; si c'est en leur nom qu'elles ont été baptisées, ou si Jésus-Christ même est divisé dans ceux qui tiennent sa place à leur égard.

Qu'on les regarde donc désormais dans leur véritable point de vue, si l'on veut concourir au desseins de Dieu qui les a établis sur notre conduite : qu'on se souvienne bien qu'ils ne sont rien pour nous, ni par leurs imperfections, ni par leurs bonnes qualités : qu'on les considére enfin, non comme les maîtres, mais comme les dépositaires des vérités ; non comme les sources, mais comne les canaux des graces. Qu'on ne les juge pas même par les fruits qu'ils font : Dieu ne les charge que d'un travail assidu & désintéressé, en se réservant le succès : qu'ils plantent & qu'ils arrosent comme il faut, ils ont rempli leur devoir, & on ne peut en exiger rien de plus. Si pleins d'un véritable zèle, ils annoncent l'Evangile dans toute sa pureté, s'ils savent conserver aux Mystères toute leur sainteté, les dispenser avec discernement, en éloigner les indignes, s'appliquer aux besoins des ames, instruire celles qui sont dans l'ignorance, rappeller celles qui s'égarent, les conduire toutes dans les voies droites, selon la connoissance qu'ils ont de leurs forces & de leurs foiblesses : ce sont des Ministres fidéles pour qui la confiance & la docilité doivent être égales, sans consulter ni l'attrait, ni les répugnances par des principes tout humains.

Voilà sur quoi, d'une part, on ne sauroit trop instruire certaines ames, en les guérissant de l'illusion funeste qui fait un poison du reméde même, & qui change pour elles en obstacle, le secours que l'Eglise leur procure. Mais d'autre part aussi, que ne doivent pas se dire à eux-mêmes ceux qui sont destinés à l'instruction des autres ? Et si on doit les considérer comme Ministres de Jesus-Christ & dispensateurs des Mystères da Dieu, quelle ample matière de réflexions ces deux qualités ne leur fournissent-elles pas pour juger de leur conduite ! C'eſt à eux à faire cette diſcuſſion au Tribunal de la Vérité.

PRIERE.

MAIS plutôt, Sauveur des hommes, ſouverain Paſteur de l'Egliſe, c'eſt ici qu'il faut encore plus vous prier que nous parler : &, ſi nous vous demandons pour les fidéles, qu'ils ne nous regardent qu'avec des yeux chrétiens dans l'exercice tout divin de notre miniſtère, que n'avons-nous pas à vous demander pour nous-mêmes ? Epurez donc nos vues, Seigneur ; dégagez nos affections de la chair & du ſang ; faites-nous bien comprendre que l'autorité que vous nous avez donnée, & les graces dont vous nous avez rendus les diſpenſateurs, ne doivent jamais ſervir à nous faire craindre ou à nous faire aimer ; qu'elles ſont toutes pour les autres, & non pour nous ; & que, moins nous nous attribuerons le pouvoir du miniſtère, plus vous en bénirez l'uſage. Dites-nous ſouvent, ô mon Sauveur, mais d'une manière à vous faire entendre, dites à chacun de nous en particulier : C'eſt à moi, & non pas à vous, que vous devez attacher ceux qui vous écoutent, parce que la crainte, la reconnoiſſance & l'amour me ſont dues, & non pas à vous. L'Epouſe eſt à moi ſeul , & votre ſolide gloire eſt d'être l'ami de l'Epoux : vous devenez coupables d'adultère, ſi vous oſez vous mettre à ma

place, au lieu de conduire à moi seul des
ames que j'ai achetées & blanchies de mon
sang. Remplissez votre devoir comme Elie-
zer, ce serviteur fidéle; montrez les richesses
de votre maître, mais ne dites pas qu'elles
sont à vous : dispensez sagement mes dons,
mais gardez-vous bien de les usurper : souve-
nez-vous enfin, que votre mérite est dans le
choix tout gratuit que j'ai fait de vous; mais
que vous le perdrez dès que vous agirez sans
moi, & que vous aurez d'autres intérêts que
les miens. Puissions-nous, Seigneur, être pénétrés de ces vérités, afin qu'une juste confiance nous accompagne un jour devant vous,
avec les brebis que vous nous avez confiées !

DE L'EVANGILE.

La quinzième année de l'Empire de Tibere.
S. Luc. c. 4.

ON suppute les temps par les années des
Princes, mais le compte en est toujours
très-court : il regnoient, & bien-tôt on nous
dit qu'ils ont regné, qu'ils ont vécu, & qu'ils
sont morts; c'est-à-dire, qu'ils sont comme
s'ils n'avoient jamais été : d'autres leur succédent, & meurent comme eux. Ces maîtres
du temps en sont, à leur tour, les victimes;
rien n'échappe à cette faulx qui moissonne
tout. Une génération finit, une autre recom-
mence : il n'est rien de durable sous le soleil:
tout passe dans ce monde : tout meurt pour

l'homme avant la mort même, excepté ſes bonnes œuvres. Ce n'eſt que par-là que nous vivons : &, tant que le pécheur demeure dans ſon péché, tant qu'il différe à ſe convertir, il eſt, aux yeux de Dieu, comme s'il étoit encore à naître ; ou plutôt, & lui & le péché ſont dans la mort, ſi la grace ne juſtifie l'un & ne pardonne l'autre : ainſi le penſoient les premiers Chrétiens. La vie, dans leurs ſupputations, ne commençoit qu'avec la foi ; le jour de leur Baptême étoit celui de leur naiſſance ; toutes les années que les pères de leur chair avoient comptées pour eux, étoient anéanties dans leur eſprit ; il ne leur en reſtoit que des regrets, & des deſirs d'en réparer la perte par un redoublement de ferveur à s'avancer dans ſa vertu.

Croyons-nous donc avoir vécu, quand nous n'avons laiſſé ſimplement dans le paſſé que des amuſemens & des inutilités ; quand nous n'avons travaillé que pour nous, pour nos plaiſirs ou nos fantaiſies ? Que voit-on dans une vie, même très-longue, quand on vient à jetter quelque regard du côté qu'elle a ceſſé d'être devant Dieu ? A quoi le temps s'eſt-il paſſé pour être compté à ſes yeux ? Que ſont-elles devenue, ces précieuſes années, ces beaux jours où tout paroiſſoit ſérieux & intéreſſant, excepté l'affaire du ſalut & les devoirs de ſon état ? Croyons-nous même vivre depuis que nous avons commencé une conduite en apparence plus réguliere ? Quels progrès avons-nous déja fait dans l'étude de notre cœur, & dans la réforme de nos mœurs ? Nous ne croiffons dans cette nouvelle vie, qu'à mefure que nous devenons, ou que nous travaillons férieufement à devenir plus juftes. Nous n'arrivons à l'âge parfait, que par la perfection de la juftice, felon la mefure que Dieu demande de chacun de nous : les jours de fes Elus doivent être des jours pleins. Travaillons donc fans relâche à l'œuvre qu'il nous donne à faire ; ne nous réfervons rien d'une vie que nous lui devons toute entiere ; & ne comptons qu'au nombre des momens perdus, les momens où nous n'aurons point fait de bien.

P R I E R E.

O Dieu ! que de vuide dans la plus longue vie de l'injufte ! Que de jours effacés de votre Livre, pour ceux-mêmes qui font profeffion de vous fervir ! On compte les années qu'on a paffées dans la féparation du monde, dans le Miniftère facré, dans les exercices de la vie commune ou religieufe : mais que ces années feront abrégées, fi vous en retranchez tous les momens qu'on donne aux créatures, tous les intervalles où l'on fe rend à foi même, toutes les interruptions de fidélité, toutes les portions de la journée où l'on fe croit maître d'ufer à fon choix, de fon temps & de fa liberté, toutes les alternatives de ferveur & de ralâchement ! Conçoit-on bien à quoi l'on s'engage par-là, & de quels yeux l'on verra à la mort tant de pertes & si peu de gains ? Fixez-donc enfin mon inconstance, ô mon Dieu ! soutenez ma foiblesse ; donnez-moi cette fermeté de résolutions & d'exécution, si nécessaire à ceux que vous appellez à votre service ; afin que je puisse dire au moins, que c'est d'aujourd'hui que j'ai commencé de vivre, & que je dois ce changement à la puissance de votre grace,

---

POUR LE LUNDI.

DE L'ÉPITRE,

Ce qu'on a droit d'exiger des dispensateurs, c'est que chacun d'eux soit fidéle. S. Paul. 1. Cor. c. 4.

RIen n'est plus juste ni plus raisonnable, dès que nous sommes établis dispensateurs ; c'est le principe commun, & la nature même des choses : tout le monde en convient. Nous contractons par cette qualité seule, qui nous est propre, des obligations très-étendues dans leur objet ; nous devenons au dehors, comme au dedans, responsables du Ministère, & nous en sommes redevables à tous. Qui pourroit donc nous dispenser d'être fidéles ? C'est Dieu lui-même d'abord qui a droit, & un droit souverain, d'exiger de nous cette fidélité : il nous a établis fur les biens de fa maifon pour lui en répondre ; il nous a choifis afin que nous allions, & que nous rapportions dans fes mains des fruits qui foient durables & qui demeurent ; ils nous a envoyés comme œconomes, ferviteurs & ouvriers. Notre travail fera examiné en dernier reffort à fon tribunal, fouvenons-nous-en bien ; notre ouvrage paroîtra devant lui pour fubir la févèrité de fon examen, & l'épreuve du feu fera voir un jour s'il eft folide & véritable. Fut-il jamais un plus grand motif de nous rendre fidéles dans notre difpenfation ? C'eft encore l'Eglife qui a droit d'exiger de nous cette fidélité ; c'eft par fon autorité, c'eft dans fon fein & pour elle-même, que nous fommes devenus Miniftres ; il faut qu'elle puiffe nous avouer comme tels devant Jefus-Chrift fon Maître, & lui répondre pour nous de notre adminiftration : autre motif d'être fidèles dans le miniftére dont elles nous a honorés. L'avons-nous bien compris jufqu'ici, & nous occupons-nous quelquefois de ces réflexions férieufes,

Mais ce qui doit nous arrêter plus précifément aujourd'hui, par rapport à l'endroit de S. Paul que nous méditons, c'eft que les gens même du monde, les Chrétiens avec qui nous vivons, ont droit d'exiger de chacun de nous la fidélité dont parle l'Apôtre ; ils l'exigent même d'autant plus févèrement, qu'ils nous regardent, par notre état, comme des gens singuliers dans leur espèce, & qu'ils paroissent oublier que nous sommes des hommes pris d'entre les hommes. C'est un mal, à la vérité, qu'ils ne s'en souviennent pas dans les occasions ; c'en est souvent un plus grand, que nous nous en souvenions trop ; &, si l'un rend alors notre ministère inutile pour eux, par leur faute & pour leur malheur, l'autre le rend dangereux & funeste pour nous-mêmes. Rien, ne nous flattons pas, rien n'échappe à leur examen, à leur critique, & à leur maligne attention sur notre conduite. Plus ils doivent nous regarder avec respect comme dispensateurs des divins Mystères, moins ils nous respectent en effet, si notre exemple ne soutient en tout cette dignité suprême. Plus ils croient avoir droit d'exiger que nous soyons fidéles, moins il nous pardonnent de ne l'être ou de le paroître pas : ils ne sont pas même fâchés, pour se justifier, de nous retrouver semblables à eux, & hommes comme eux, sur-tout dans ces circonstances où nos défauts se montrent plus naturellement, & où nous sommes comme trahis par ce que nous appellons liberté honnête. On peut donc dire, & nous ne sçaurions trop nous le dire à nous-mêmes, que le commerce fréquent des Ministres de Jesus-Christ avec le monde, diminue infiniment la créance qu'ils devroient avoir sur l'esprit des peuples ; qu'ils

ne

ne sauroient vivre long-temps avec eux, sans les rendre spectateurs de leurs foiblesses; que cette seule vue les fait regarder comme des gens ordinaires sujets à toutes les passions; & que, paroissant trop semblables aux autres dans les petites fautes, ils donnent lieu trop souvent de penser qu'ils le sont aussi dans les plus grandes.

PRIERE.

QUelle plaie profonde & mortelle ne fait-on pas par-là, ô mon Dieu, à votre Religion sainte! & quel compte terrible n'aurai-je pas à vous rendre, si je détruis par mon ministère ce que je devrois édifier; si je contribue par mes relâchemens à diminuer vos vérités parmi les enfans des hommes; & si mon langage ou mon exemple autorise en quelque chose l'esprit & les maximes du monde! Inspirez moi donc, Seigneur, par votre grace, la crainte précautionnée de ce monde, toujours très-dangereux dans ce qu'il paroît même avoir d'innocent. Affermissez en moi, plus que jamais, la résolution d'éviter son commerce inutile: que la nécessité seule & la charité chrétienne me lient avec ceux qui s'y trouvent engagés; mais que je n'y sois jamais pour eux une odeur de mort, ou un sel affadi. Qu'ils ne voient en moi que des traits de lumière capables d'éclairer leurs pas; que je leur cache même, s'il se peut, jusqu'aux fragilités, jusqu'aux foiblesses, & aux besoins

Tome I. G

inséparables de l'humanité ; qu'ils sentent par tout le détail de ma conduite, l'intervalle qui me sépare d'eux ; & que la distance paroisse aussi grande dans les mœurs, qu'elle est réelle dans le caractère. C'est ainsi, ô mon Dieu, que je deviendrai digne dispensateur de vos Mystères, & que je serai trouvé fidéle devant vous comme devant les hommes.

DE L'ÉVANGILE.

La parole du Seigneur se fit entendre à Jean, fils de Zacharie, qui étoit dans le desert. S. Luc. chap· 3.

QUe faisoit Jean-Baptiste dans le desert, disons - nous peut - être quelquefois ? Mais que ne demandons-nous plûtôt ce qu'il eût fait dans le tumulte des villes, dans la société journalière de leurs habitans, ou dans l'embarras d'un cercle de soins & d'affaires séculières ? Le monde nous est dangereux, lors même que nous lui sommes nécessaires ; il n'y a que les devoirs étroits de la nature, ou ceux de la charité bien marqués, qui doivent nous faire entrer dans ses engagemens, ou nous y retenir. Mais qui est-ce qui peut se flatter d'échapper à la contagion d'un commerce volontaire ? Avec les inclinations les plus saintes, un Jean-Baptiste auroit craint de s'y corrompre ; c'est la réponse que Saint Chrysostôme lui fait faire à quelqu'un qui se seroit étonné de voir un enfant vivre seul, &

dans un si triste séjour : J'avois, auroit-il dit, mon innocence à conserver, & ma foiblesse à craindre; l'esprit du siécle pouvoit gagner mon cœur, & altérer mes bons desirs : voilà ce qui m'a conduit dans ce desert. Je fuis les hommes ; je vous fuis vous-même , vous, peut-être, le plus pernicieux des hommes.

Rien n'est plus sensé qu'une telle réponse, si on y fait bien attention, & si on connoît bien les hommes. La vertu la plus solide est toujours celle qui compte le moins sur ses propres forces : & que faisons-nous, en effet, parmi ceux à qui nous avons à craindre de ressembler ? Créés d'ailleurs pour Dieu seul, nous devons nous séparer, autant que nous pouvons, des créatures, apprendre à nous passer d'elles, nous accoutumer à vivre avec nous-mêmes, nous débarrasser des soins du siécle, & chercher à n'avoir point d'autre affaire que celle de notre sanctification, tant que Dieu même ne nous impose point d'autres obligations. Pourquoi nous envier notre propre loisir? en saurions-nous trop avoir pour réfléchir sur nos foiblesses, pour nous dire nos vérités, pour travailler à guérir les maux de notre ame ; pour connoître les perfections ineffables de notre Dieu , & l'abîme profond de nos miseres ; pour gémir comme des étrangers dans le lieu de notre exil, & converser d'avance avec les citoyens de la céleste Patrie où doivent se porter tous nos desirs?

G ij

Qu'avons nous gagné jusqu'ici ; que gagne-rons-nous à nous faire au-dehors tant d'occupations qui nous diffipent, à nous donner pour les autres tant de mouvemens qui nous font oublier nos propres befoins ? C'eft un étrange penchant, que celui qui nous fait fuir le repos, & trouver du plaifir dans le tumulte. A peine fommes-nous feuls, que l'ennui vient nous faifir : on fent l'utilité de la retraite, on en comprend même pour foi la néceffité, on s'y condamne par devoir, & bientôt on y languit par dégoût. L'inquiétude fuit le dégoût : on reprend fes premiers engagemens, ou du moins on les regrette : il femble qu'on ait tout perdu, quand on s'eft rendu tout entier à foi-même. Comment accorder une telle difpofition avec tout le férieux d'une vie chrétienne, & le defir fincère de fe fauver ?

PRIERE.

EH ! pourquoi, Seigneur, nous avez-vous donc faits ? Suis-je né pour les autres, moi qui ne dois mourir que pour moi-même ? Ne m'avez-vous pas fait de mon falut mon unique affaire, lors même que vous m'appellez à coopérer au falut des autres ? Et Jean-Baptifte s'oublioit-il lui-même pour inftruire le refte des hommes ? Que de faux prétextes me perfuadent, ou que je ne puis me paffer d'eux, ou que je leur ferois utile en me livrant tout à eux ! Diffipez toutes ces illufions, ô mon Dieu ! reglez toutes ces inquiétudes trop

humaines; arrêtez toutes ces imprudentes &
indiscrettes démarches d'un esprit trop dissipé; défendez moi de la tentation de me produire en prévenant vos ordres, ou de les per-
vertir en faisant de mon temps un usage contraire à vos vues. Montrez moi combien il
m'en faut pour méditer les desseins éternels
que vous avez sur mon ame, & pour lui donner toute la perfection que vous en exigez, afin
que je ne croie jamais avoir du loisir de reste,
& que, soit que votre esprit me conduise dans
la solitude, soit que vous me reteniez quelquefois dans la société, je ne craigne jamais
le reproche d'oisiveté pour des jours passés
dans la recherche de la vérité.

POUR LE MARDI.

DE L'EPITRE.

Je compte pour rien le Jugement que vous, ou
quelque homme que ce soit peut faire de moi.
S. Paul. 1. Cor. c. 4.

EN supposant que nous ne négligeons rien
pour remplir exactement nos devoirs, &
que notre conduite est aussi édifiante au-dehors, que réglée au-dedans, à l'exemple de
l'Apôtre; d'où nous vient tant d'inquiétude
sur ce que les hommes pensent de nous? Leurs
opinions, après tout, ne sont pas notre régle;
soit qu'ils nous approuvent ou nous blâment,

nous n'en sommes ni pires, ni meilleurs; leur estime n'ajoute rien à notre mérite; leur mepris n'en diminue rien : ce que nous sommes à présent & ce que nous devons être à l'avenir, leur est également inconnu. Ce seroit par le cœur qu'il faudroit nous juger; & leur pénétration ne va pas au-delà des apparences : ce qu'ils condamnent n'est pas toujours condamnable; ce qu'ils louent n'est pas toujours digne d'être loué; ce qu'ils traitent de folie peut être plein de sagesse; & ce qui leur paroît grand n'est souvent qu'abomination devant Dieu. D'ailleurs, ils ont trop de passions pour être équitables, ou trop de préventions & d'intérêts pour être sincéres : leurs jugemens ne sont donc qu'incertitude, que fausseté, que dissimulation, que déguisement : ils nous trompent, en un mot, ou sont eux-mêmes trompés dans le bien & le mal qu'ils pensent de nous.

Mais quand nos dispositions secrettes leur seroient moins cachées; quand ils pourroient pénétrer nos principes, nos motifs & nos vues; quand toutes nos actions n'auroient plus pour eux rien d'équivoque, ce seroit toujours une entreprise folle de vouloir les en rendre juge, & de prendre leur approbation pour régle de notre conduite. Jamais, quoi que nous fissions, nous ne réussirions à les contenter tous : chacun nous jugeroit selon ses goûts, selon ses préventions, selon ses caprices; ce qui seroit au gré des uns, offenseroit les au-

tres : on condamneroit demain ce qu'on approuve aujourd'hui, & nos mœurs auroient,
pour ainsi dire, le sort des modes du siécle.
Il faudroit avoir autant de maximes que de
personnes, & nous laisser aller à tous les vents
de l'inconstance humaine; nous nous tourmen-
terions en vain pour gagner, ou pour conserver des suffrages toujours aussi frivoles qu'ils
seroient différens. Il ne faudroit que cette
seule réflexion pour nous guérir à jamais d'une
des plus grandes foiblesses. Nous devrions
compter pour rien d'être jugés par quelques
hommes que ce fût; & nous comptons peut-
être pour tout d'être jugés par un seul homme. Au lieu de nous borner à souhaiter que
Dieu soit glorifié en nous & par nous, il semble que nous n'ayons point d'autre devoir à
remplir que celui de plaire à ceux qui nous
voient, ni d'autre malheur à craindre que celui de leur avoir déplu.

PRIERE.

VOus le voyez, Seigneur ! jusqu'à quel
point notre orgueil nous avilit, & par
combien de frivoles égards une folle vanité
nous rend esclaves des hommes. Toujours en-
traînés ou arrêtés par quelque respect humain,
nous oublions que vous êtes seul notre juge,
& que, soit que nous tombions, soit que nous
demeurions fermes, c'est à vous seul, comme
au souverain Maître, qu'appartient le droit

de nous juger. Ne permettez donc pas, ô mon Dieu! que je m'asservisse désormais moi-même au jugement des hommes, jusqu'à manquer à ce que je vous dois par tant de titres : faites que, content d'être sous vos yeux & de marcher devant vous, le soin de remplir mes obligations soit le seul qui m'occupe; qu'également indifférent à l'estime & au mépris des créatures, dans la bonne ou la mauvaise réputation, je compte pour tout de vous avoir ici-bas pour témoins de ma conduite & de mes sentimens. Quel est l'homme à qui cette disposition ne doive suffire, pour y trouver, tout-à-fois, & sa consolation la plus solide, & le motif le plus fort de sa vigilance?

DE L'EVANGILE.

Il vint dans toute la contrée du Jourdain prêcher un Baptême de pénitence. S. Luc. c. 3.

POur bien concevoir à quels soins notre sanctification nous engage, il faut se la figurer comme une pénitence, ou comme un changement continuel, & ne pas prendre le change par toute autre idée qui seroit contraire à celle-ci. La vocation de Dieu ne trouve rien de sain ni de réglé dans l'homme : il s'agit de désabuser son esprit, de guérir son cœur, de redresser ses inclinations, de réformer ses mœurs; & tout cela ne s'acheve que par degrés, & par des opérations successives. Les premieres vues que les instructions du salut nous donnent, ne font, pour ainsi dire, qu'effleurer l'ame : il faut qu'elle s'applique long-tems à ces nouveaux objets, pour en recevoir l'impreſſion. Les anciens préjugés ne ſe diſſipent pas tout d'un coup : on ne ſe déſabuſe qu'à regret de certaines erreurs qui plaiſent : on ne s'accoûtume aux principes ſolides qu'avec peine. Nous ſommes trop corrompus & trop imparfaits pour aimer à nous voir dans le miroir de l'exacte vérité, qui nous repréſente ſans flatterie toutes nos difformités ; il nous reſte toujours pour elle un fond d'oppoſition qui l'empêche d'agir ſur nous avec toute ſa force. Nous nous défendons, nous capitulons : nous ne nous rendons à l'obéiſſance de l'Evangile qu'à des conditions : nous ne voulons d'abord nous ſoumettre qu'à ce qui nous paroît indiſpenſable dans ſes loix ; ou moins incompatible avec nos premieres manières de penſer. Le monde & ſon eſprit, la chair & l'amour propre conſervent toujours ſur nous quelque reſte d'empire : le mépris des créatures, la fuite des plaiſirs, le détachement de tous les biens préſens, ſont des ſentimens qui ne prennent racine dans notre cœur que par les ſoins qu'on a de les y cultiver, & d'arracher tout ce qu'il y renaît de deſirs pour la vanité. Chacun de nous a ſes penchans particuliers qui le ramenent toujours aux objets de ſes premiers attachemens ; & la cupidité qui ne meurt jamais,

G v

profite de tout, jufqu'à fes propres débris, pour rétablir fon funefte régne dans notre ame.

Ainfi, rien de fi rare qu'un fintére renoncement à foi-même. Ne nous flattons pas: l'amour propre eft chez-nous une plaie bien profonde, & qui ne fe guérit que par des remédes fouvent réitérés, & toujours contraires aux goûts de la nature. On fe laffe de fe faire violence, de lutter inceffamment contre fes habitudes; on fe néglige; &, dès qu'on ceffe de fe réformer, on fe dérégle: ainfi, nos progrès dans la piété font toujours lents, & nos fautes fréquentes. Les penfées du temps reviennent fouvent fe mêler dans notre efprit à celles de l'Eternité: nous perdons aifément de vue nos devoirs: le monde & la chair nous regagnent par des féductions fecrettes: la préfence des objets & la contagion des exemples, font des tentations dont nous ne nous défions pas affez: nous nous trahiffons nousmêmes, & nous tombons, par une négligence volontaire, autant & plus que par furprife, ou par fragilité. La pénitence nous eft donc néceffaire jufqu'à la fin, parce que nous fommes toujours pécheurs.

PRIERE.

JE ne m'étonne plus après cela, mon Dieu, que vous la faffiez annoncer à tous les hommes, dans tous les lieux & dans tous les temps. Là s'eft réduit l'ancien miniftére

& le nouveau, celui des Prophêtes, & celui des Apôtres ; tous ont prêché la pénitence, & cette réffexion me fait sentir aujourd'hui tout le besoin que j'en ai. Ne permettez donc pas, Seigneur, que je l'oublie jamais. Que je ne me contente pas de l'avoir dans la pointe de l'esprit comme une vérité spéculative, mais que l'instruction salutaire en retentisse sans cesse aux oreilles de mon cœur. Que je croie toujours entendre ces paroles si souvent répétées dans vos Ecritures, *Faites pénitence*, afin que par une attention persévérante à corriger, à retrancher, à réformer, j'arrive à la sainteté que vous exigez de moi pour être admis dans votre Royaume.

POUR LE MERCREDI.

DE L'EPITRE.

Je ne me juge point moi même ; & quoique ma conscience ne me reproche rien, je ne me crois pas pour cela sans reproche. S. Paul 1. Cor. chap. 4.

IL n'est rien de plus doux dans la vie que de n'avoir rien à se reprocher ; on se voit alors au-dessus des jugemens des hommes : les traits de leurs langues s'émoussent contre un cœur innocent : ce sont des flèches lancées en l'air, & des coups qui portent à faux : les injustices & les violences du monde nous en deviennent plus supportables; & notre plus solide consolation dans les mauvais traitemens, est de ne les avoir pas mérités. Mais on peut ne point se sentir coupable, & n'être pas pour cela irrépréhensible : la conscience la plus en paix ne doit pas inspirer la sécurité. Eh ! qui peut se flatter de se connoître assez pour se juger sans méprise, puisque S. Paul n'a osé le faire ? Le merite de nos actions dépend du principe qui nous fait agir ; le démêlons nous jamais avec assez de certitude ? Le vice est souvent si voisin de la vertu, qu'il ne faut pas moins que toute l'attention de la foi pour en découvrir la différence. Notre esprit peut être prévenu de mille erreurs inconnues : nos lumieres sont rarement pures & sans nuages ; & nous ne voyons souvent les choses que du côté qu'elles nous plaisent le plus. Nous nous disons quelquefois, que c'est le devoir qui nous conduit, & ce n'est que le penchant ; que c'est la charité seule qui nous anime, & c'est la vanité qui produit ce que nous éprouvons de mouvemens. Nous pouvons enfin être portés au bien par une infinité de raisons qui le rendent fort équivoque.

Ainsi, on se donne aux exercices de la piété par goût, par humeur, par amusement, par habitude, par complaisance, par le plaisir de se laisser conduire à une main étrangère, peut-être par le désespoir de pouvoir contenter d'autres passions ; par l'impression d'un respect hu-

main, pour aller au but d'un ambition secrette; pour sauver la honte d'une chûte ou d'une
mauvaise réputation; pour s'épargner la peine
secrette d'un juste remord. Notre cœur, en
un mot, est engagé par tant de sortes d'intérêts, que le mystére lui en devient comme im-
pénétrable.Il a beau s'observer de près, il se
dérobe à lui-même ses propres mouvemens;
& dans cette confusion de motifs, de désirs,
de penchans naturels & d'impressions étrangères qui le remuent, s'il y a de la droiture
dans nos intentions, s'il y a de la simplicité
dans nos vues, nous-mêmes nous l'ignorons.
Du côté de Dieu, hélas! l'incertitude est plus
grande encore, & il nous y laisse par de grandes vues de sagesse : nous ne savons absolument s'il nous approuve ou s'il nous condamne, quand même nous paroissons le plus soumis à sa loi : là moindre réserve diminue à ses
yeux le prix de l'obéissance; & si nous en jugeons d'ailleurs par sa conduite sur nous, elle
ne nous tire pas de toutes nos craintes. Quand
nous le prions, reçoit-il nos vœux, ou les re-
jette-t-il? Quelquefois il punit quand on croit
qu'il fait grace; & ce que nous regardons comme un présent de sa bonté, peut être un don
qu'il nous fait dans sa colère. Quelles sources
de frayeur pour le plus juste! Quels sujets
de se défier de ses meilleures œuvres, & de
craindre qu'une voie qui lui paroît droite, ne
le conduise à la mort!

PRIERE.

O Vous, grand Dieu! qui seul pénétrez les abîmes, & qui sondez le fond des cœurs, vous voyez si le mien me trompe. Il me dit que je ne cherche que vous, que tous mes desirs ne tendent qu'à vous; que je ne veux jouir que de vous : & il me semble que ma conscience ne m'accuse point sur ces dispositions. Si, depuis que votre miséricorde a daigné me rappeller à vous, j'avois levé les mains vers quelqu'autre Dieu que vous; si j'avois formé le projet de me retirer de vos voies, je saurois me le reprocher : mais comme je suis à moi même un mystere, si c'est mon propre cœur qui me séduit, défendez-moi, Seigneur, de ses illusions; ne permettez pas que je me croie innocent, si suis coupable à vos yeux de la moindre infidélité; corrigez-moi comme pere; pardonnez mes erreurs & mes ignorances; & tenez-moi toujours devant vous dans une crainte filiale & respectueuse, qui ne diminue ni ma confiance en vous, ni mon attention sur moi-même.

DE L'EVANGILE.

On entend dans le desert une voix qui crie:
Préparez les voies au Seigneur. S. Luc. c. 3.

DÉs que l'homme eut péché, la terre frappée de malédiction ne fut plus pour lui qu'un grand desert; toute la face de la na-

ture défolée fembla lui reprocher fa défobéif-
fance: ce fut comme une voix qui lui cria de
préparer les voies au Seigneur qu'il avoit
perdu, & de l'inviter par une pénitence fincère à venir lui rendre fes anciennes faveurs.
Toutes les créatures, fi nous favons bien entendre leur lagage, exercent encore pour
nous ce miniftére. Tant de dérangemens dans
l'ordre de l'univers & dans le cours des faifons, tant de fléaux dont la terre eft frappée,
tant de maux divers qui s'uniffent ou qui fe
fuccedent pour troubler la tranquillité de notre vie, ne font-ce pas autant de voix qui s'é-
levent de toutes parts pour nous crier d'ap-
paifer le ciel irrité contre nous? Dieu nous
traite en coupables, & nous fommes tous en-
veloppés dans fes châtimens, parce que nous
fommes tous pécheurs. Il n'eft point de jufte
fur la terre, il n'en eft point qui n'ait encore
befoin de pénitence, & qui n'y foit fans ceffe
invité par les calamités publiques, ou par des
difgraces particulières & perfonnelles.

Le vrai & unique ufage de ces différentes
voix, eft donc de nous avertir de défarmer
fans délai la main puiffante qui nous frappe:
& Dieu ne nous fait connoître fa colère, qu'à-
fin que nous fongions à la fléchir par le repentir & par l'humiliation du cœur. Ce n'eft que
dans l'autre vie qu'il punit pour punir: ici
bas, c'eft fa miféricorde qui veut fauver les
pécheurs, & c'eft fa fageffe qui veut arrêter

le péché par une crainte vive qui nous conduise à l'amour de la justice. Il pourroit nous
consumer, s'il le vouloit, dans le premier feu
de sa juste fureur, qui en doute? mais il nous
châtie lentement & par dégrés, pour nous
engager à prévenir le jour de ses vengeances
éternelles. Nous nous éloignons sans cesse de
lui dans mille routes égarées; & c'est sa bonté
qui nous rappelle en mille manieres. Un tempérament qui se dérange, une longue infirmité qui nous épuise & nous consume peu à
peu, un objet d'attachement que la mort nous
enleve, une amitié qui se refroidit, une infidélité qu'on nous fait, une affaire & une humiliation qu'on nous suscite, un mauvais bruit
qui se répand de nous, un mauvais succès
dans certains projets, une de ces croix sensibles & de ces peines particulières dont la
pointe vient percer le fond le plus intime de
notre cœur, & qui n'ont d'autres témoins que
nous-mêmes; des concurrens, des ennemis
déclarés, des desirs sans cesse irrités, & sans
cesse contredits : voilà la voix qui ne cesse de
nous rappeller à nous-mêmes, & qui nous
crie que le Seigneur est prêt de revenir à nous,
si nous savons préparer notre ame à ses graces
par un changement sincère, & par de dignes
fruits de pénitence.

PRIERE.

O Dieu juste, & toujours plein de bonté
dans sa plus grande justice ! Dieu que

les fautes irritent, & que la pénitence appaise,
ouvrez donc vous-mêmes les oreilles de ce
misérable cœur toujours trop sourd au langage
de vos miséricordes ; que je ne m'attire point
par mon obstination, le reproche que vous
ferez un jour aux réprouvés, & que je n'en-
tende point dire, *que vous m'avez appellé,
& que je n'ai pas voulu revenir à vous.* Ren-
dez-moi sans cesse attentif aux différentes voix
qui m'avertissent de mes égaremens, & qui
me crient de redresser des sentiers par où vous
voulez revenir vous-même à moi. Vous m'a-
vez parlé dans le succès & dans l'abondance ;
& je ne vous ai point écouté : vous me parlez
par différentes peines & par les adversités ; &
je me méprens encore à votre voix. Tantôt je
me plains des misères & des disgraces de la
vie, comme si c'étoient les caprices d'une nature aveugle : tantôt j'accuse les hommes des
maux que je souffre, & c'est vous, Seigneur,
qui les avez tous faits. Non, ce n'est qu'à
vous, ou plutôt ce n'est qu'à moi seul, que je
dois m'en prendre ; & je comprens que pour
suspendre vos coups, ou pour me les rendre
utiles, je n'ai qu'à être humblement docile à
vos corrections. J'attends de vous seul, mon
Seigneur & mon Maître, cette docilité d'esprit & de cœur ; & je vous conjure, par votre
saint nom que j'invoque, de ne me la pas refu-
ser, quoique par mes révoltes passées je m'en
sois rendu trop indigne.

POUR LE JEUDI.
DE L'EPITRE.

Mon vrai Juge , c'est le Seigneur. S. Paul , 1.
Cor. chap. 4.

A Cette seule parole , quel orgueil peut subsister encore , & où est le cœur assez assuré de son innocence , pour ne pas s'humilier en tremblant ? Mais n'oublions pas aussi que l'ame fidéle ne doit trembler que de cette crainte avec laquelle on veut que nous opérions tous notre salut ; crainte toute évangélique , qui ne diminue point la confiance , qui ne rallentit point la ferveur , qui ne jette point dans le découragement : c'est à ces trois caractéres qu'il faut juger , si les frayeurs auxquelles certaines ames se laissent aller sur leur salut , sont raisonnables. Souvent ce n'est que la vanité qui les produit : on ne veut pas se reposer sur les bontés gratuites du Seigneur , & on est désespéré de ne pas trouver en soi des titres de justice rigoureuse , pour exiger de lui ses récompenses. Quelquefois c'est la lâcheté qui regarde une fidélité soutenue jusqu'à la fin , comme inutile , puisqu'on n'en retire pas plus d'assurance ; & qui cherche dans cette inutilité prétendue , le prétexte de se décharger du joug de ses devoirs. Dans d'autres , scrupuleux indociles , & d'une opiniâtreté difficile à guérir, c'est le tempérament & l'humeur. On juge de Dieu par soi-même, on s'en fait des idées arbitraires, sans examiner sur quoi elles sont fondées; & à force de se le figurer dur & inexorable, on ne sauroit le concevoir bon, équitable & juste.

Il est vrai qu'à ne consulter que notre foible & courte raison, la plus rude peine de l'homme dans cette vie, c'est l'incertitude de ce qu'il est aux yeux de celui qui démêle les replis les plus secrets de l'ame & de ses pensées : mais si nous savons y réfléchir, cette incertitude même est un mystère de la sagesse & de la bonté de Dieu sur nous. Il ne veut pas que nous soyons sûrs de notre propre cœur, & c'est par ménagement pour notre foiblesse : il défend par-là notre vigilance de l'assoupissement, & notre humilité de la complaisance. Connoissant mieux que nous l'état de l'homme ici bas, il sait que la vûe de nos misères nous est toujours moins dangereuse que celle de nos vertus & de ses graces. Si nous nous croyons fervens, nous devenons tiédes ; si nous pensons être humbles, dès-là nous sommes orgueilleux ; & si nous connoissions en cette vie la mesure de notre justice, notre paresse la laisseroit imparfaite, ou notre vanité l'anéantiroit. Ne nous lassons donc point de faire le bien ; courons dans la voie des commandemens du Seigneur ; gardons-lui jusqu'à la fin la foi que nous lui devons, & soyons fortement assûrés qu'il n'est pas injuste pour oublier ce qu'il nous a fait faire lui-même. Le même Apôtre qui ne se croit pas irréprochable, attend pourtant la couronne des mains du juste Juge. Dieu ne doit rien à l'homme, & l'homme, à son égard, est un serviteur inutile, après même qu'il a rempli ses devoirs ; mais Dieu s'est engagé par ses propres promesses, à récompenser ceux qui sont fidéles à ses loix, & à couronner ses propres dons dans nos mérites. Il faut beaucoup craindre de soi-même, & tout espérer de lui : c'est la morale de sa Religion, ce sont les maximes de son Evangile ; & quiconque en établit d'autres, s'égare dans ses vaines pensées.

PRIERE.

SUR qui en effet mon attente seroit-elle fondée, si ce n'étoit sur vous, Seigneur ? Je ne trouve rien en moi qui soit digne de vos récompenses ; mais vous êtes plus riche en miséricorde que je ne suis pauvre en vertus: vous m'ordonnez d'être fidéle jusqu'à la mort, & je vous dois cette obéissance. Quel prix en attendrois-je donc, si vous n'ajoutiez vous-même, que vous me donnerez la couronne de vie ? Voilà, mon Dieu ! toute mon espérance ; affermissez la dans mon cœur par votre grace contre toutes les tentations qui pourroient l'affoiblir. J'aurois beau vouloir me retourner sur moi-même, ma propre fidélité me seroit toujours suspecte ; mais je ne puis me défier de la vôtre ; & quand la crainte de votre jugement viendra m'alarmer sur ce que j'ai mérité, je trouverai toujours dans votre bonté de quoi me rassurer sur ce que vous m'avez promis, & pour courir dans la carriere du salut, & après avoir fini ma course.

DE L'EVANGILE.

Que toutes les vallées soient comblées, que toutes les montagnes & collines soient applanies. S. Luc. chap. 3.

CE n'est, si on y veut faire attention, que contradiction dans le dérèglement du pécheur ; & on peut dire qu'il paroît tout-à-la-fois, & plus bas que les vallées, & plus haut que les montagnes. Le cœur s'éleve avant sa chûte, dit le Sage, & tout péché prend sa source dans l'orgueil. L'homme oublie sa dépendance, il se révolte contre Dieu qui l'a fait, & ne veut point avoir d'autres loix que ses propres desirs : mais par-là même, que fait-il, l'avengle qu'il est ! Il croit s'élever au-dessus de lui même, & il se rabaisse honteusement au-dessous de tout. Juste châtiment de l'homme audacieux qui méconnoît son maître, il se dégrade souvent par des inclinations qui le mettent au rang des bêtes ; il s'attache à de viles créatures qui le rapprochent du néant dans lequel elles sont toujours prêtes à tomber ; il devient semblable à ce qu'il aime, & il n'a plus de vues & de goût que pour des choses caduques & périssables. Rien n'étoit au-dessus de sa destinée, puisque c'étoit pour lui seul que Dieu l'avoit fait ; & par la dépravation de son propre choix, il cherche & il borne son bonheur à des objets qui ne le valent pas lui-même ; voilà son crime & sa honte. Il faut donc que le premier mouvement de la pénitence qui le change, soit de le relever de cette bassesse ; au premier retour que la grâce lui fait faire alors sur lui-même, il rougit de son avilissement comme le prodigue, sa confusion le ranime ; & comme il se sent fait pour de meilleures espérances, il renonce à tout ce qui l'attachoit ici, pour aspirer à de plus solides biens : il met sous ses pieds tout le monde, & Dieu seul occupe désormais la place que des vanités pleines de mensonge tenoient dans son cœur. C'est ainsi que les vallées se comblent.

Mais il faut aussi que les montagnes & les collines s'applanissent ; il faut qu'en se raprochant de Dieu, le cœur pénitent désavoue toutes ses superbes pensées ; qu'il sente l'injustice & la folie de sa présomption ; que tout ne respire plus en lui qu'abaissement sous la puissante main qui pouvoit l'anéantir pour son péché ; qu'il se soumette sans peine à tout ce que la pénitence a de loix humiliantes. Il n'est point en effet de confusion dont on ne doive se croire digne, depuis qu'on a manqué de respect pour son créateur. La majesté de son

Etre demande, avant toute chose, cette amande honorable; & on doit être prêt à se reduire soi-même à son néant, à se mettre, du moins à ses propres yeux, au-dessous de tout.

PRIERE.

JE la conçois, mon Dieu, la nécessité de ces dispositions; mais si c'est ainsi qu'il faut préparer vos voies, que j'ai sujet de craindre que vous ne demeuriez toujours éloigné de moi! Quels obstacles ne mets-je point à votre retour! Ce n'est toujours que mouvemens contraires dans mes sentimens. Je ne crains point de me trop rabaisser en suivant mon penchant pour la nature corrompue & le plaisir des sens; mon cœur se rouvre sans cesse à l'amour de la créature; je tiens à elle par mille différens liens dont la honte ne m'humilie point, & je me trouve trop humilié pour mon péché. Ma vanité se révolte contre l'aveu sincère de mes fautes; ce n'est qu'à regret que je confesse devant vous mon injustice: je n'ai point rougi du mal, & je rougis du reméde; je conserve enfin toute ma fierté dans l'humiliation même que je suis forcé d'affecter aux yeux des hommes. Humiliez moi donc salutairement vous-même, Seigneur! confondez mon orgueil aveugle & mal entendu; montrez-moi toute ma folie, de fuir de justes abaissemens qui me rendroient ma premiere gloire, tandis que je continue de me dégrader par l'indignité de mes attachemens ; & qui me rapprocheroient de vous, en réparant l'outrage que mon orgueil vous a fait.

POUR LE VENDREDI.

DE L'ÉPITRE.

Ne jugez personne avant le temps ; attendez que le Seigneur vienne. S. Paul. 1. Cor. c. 4.

LES mêmes raisons qui nous défendent de prononcer sur nous un jugement décisif, nous défendent de juger les autres. Nous ne les connoissons jamais avec assez de certitude ; les apparences nous trompent, & notre pénétration ne va guères au-delà des apparences ; le cœur a d'ailleurs trop de part à nos jugemens, c'est-là notre malheureux penchant. Il semble que l'impatience de juger croisse en nous à proportion que nous avons moins de lumières ; une maligne curiosité nous fait fouiller dans des cœurs qui nous sont cachés ; cette liberté nous flatte : nous aimons à trouver dans les autres de quoi nous justifier ; & l'envie de les trouver coupables, nous fait prendre sur eux mille travers. Nous avons de fausses idées de ce qui peut être louable ou de ce qui ne l'est pas ; nous sommes pleins de préjugés & d'entêtemens sans raison ; nous nous faisons des préventions de caprice & de

pure

pure antipathie; nous jugeons des actions par les personnes, au lieu de juger des personnes par les actions : nous condamnons dans les uns ce que nous approuvons dans les autres; & ce qu'il y a de plus dangereux & de plus triste, c'est que nous n'avons garde de nous avouer ces motifs, & que souvent même ils nous sont si cachés, que nous n'avons pas le soupçon d'en être capables.

Ne jugeons donc point avant le temps, c'est-à-dire, avant que les dispositions des cœurs nous soient révélées : c'est par-là que les hommes sont tout ce qu'ils sont : les dehors sont équivoques, & les fausses vertus se confondent aisément avec les véritables. Ajoutons qu'il n'est point en cette vie de péchés ni de graces consommées. Tous les justes ne persévérent pas; & parmi les méchans il y en a qui se convertissent : ceux que nous croyons encore bons, sont peut-être déjà devenus mauvais; & ceux qui sont mauvais deviendront bons. Dans cette confusion de mérites, dans cette alternative de bien & de mal, dans cette incertitude de destinée, quel jugement assuré pourrions-nous porter de ceux qui sont fidéles ou qui ne le sont pas ? Attendons que le Seigneur vienne, & qu'il dissipe l'obscurité qui couvre le fond des consciences : alors il n'y aura plus d'apparences trompeuses, plus de vertus suspectes, plus de réputations incertaines : ce sera pour nous le temps de ju-

Tome I. H

ger des autres; & pour les autres, le temps
de juger de nous, parce que nous ne juge-
rons tous qu'avec Dieu même, & que nous
n'aurons plus à craindre qu'il y ait de l'injuſtice ou de la témérité dans nos jugemens.

P R I E R E.

HAtez donc, mon Dieu, hâtez notre
attente, & avancez la manifeſtation de
vos enfans! C'eſt ma propre miſère qui me
porte à former ce deſir, & à vous faire cette
priere. De toutes les épreuves où il vous plaît
de mettre la piété, je n'en vois pas ſouvent
de plus rude, que d'avoir à vivre parmi les
hommes, ſans ſavoir qui ſont mes véritables
ennemis, ni mes véritables frères, Toujours
incertain ſi je dois avoir pour eux de la confiance ou des réſerves, fuir leur commerce
ou rechercher leur amitié; toujours contraint
de me défier de leurs foibleſſes, ſans ſoup-
çonner leur droiture; d'entrer dans leurs intérêts ſans favoriſer leurs paſſions; de com-
patir à leurs maux ſans m'offenſer de leurs
outrages; de ſupporter leurs foibleſſes ſans
approuver leurs fautes; de les voir riſquer
leur ſalut ſans en déſeſpérer ; expoſé ſans
ceſſe à les irriter par mes corrections, ou à
répondre de leur ame par ma négligence:
que faire pour ſuffire à tant de devoirs, &
les accorder ? Ménager juſqu'à la fin, craindre, parler, ſouffrir, aimer tous les hommes,

les traiter tous comme bons ou comme pouvant le devenir, parce qu'on ne sait pas ceux qui seront éternellement mauvais, & qu'il n'est pas permis de les juger avant le temps. O Dieu ! qui l'ordonnez ainsi très-justement & très sagement, donnez-moi, par votre grace, de me soumettre à vos ordres; & puisque vous m'accordez si peu de lumières, accordez-moi du moins beaucoup de fidélité.

DE L'EVANGILE.

Que les chemins tortus soient redressés ; & les raboteux, unis. S. Luc. chap. 3.

LA pénitence, pour porter ces dignes fruits dont parle si souvent l'Evangile, doit être un renouvellement de l'homme entier, & un glaive spirituel qui n'épargne rien de tout ce que le péché a infecté au déhors & au dedans. Il faut d'abord désabuser l'esprit & réformer le cœur; mais ce n'est pas tout, & souvent il reste beaucoup plus à travailler pendant la vie sur ce qui vient du tempérament, de l'humeur, de l'éducation, des habitudes : c'est cependant à quoi, pour l'ordinaire, l'on ne croit pas devoir diriger ses soins, parce qu'on connoît peu ses obligations, & l'honneur comme la reconnoissance que l'on doit à la grace. On change d'objet, sans changer le mauvais du caractère; on se montre après la conversion tout ce qu'on a paru dans la vie dérangée, pleine de travers, d'inéga-

lités, de bifarrerie, de caprices. A force d'a-
voir nourri & fuivi fes penchans fans contrainte, on s'eft fait une efpece de maxime
générale de ne fe point contraindre, de ne
faire que ce qu'on veut, & de dire tout ce
qu'on penfe. On eft ombrageux, farouche,
impatient, inquiet, difficile, fâcheux ; on
a pour le prochain des manières dures, des
hauteurs, des paroles aigres, & un zèle amer
qui ne reffemble en rien à la charité chrétienne. Par-là, nous faifons encore fouffrir
tout ce qui nous approche, & nous croyons
pourtant avoir toujours droit de nous plaindre ; nous rendons la piété rebutante ou fuf-
pecte, nous déshonorons l'Evangile & le Maître Divin dont nous prétendons être les difciples : rien n'eft plus contraire à fon efprit
que ces défauts, & on s'en corrige peu ; très-
fouvent même on croit ne les voir que dans
les autres, fans les appercevoir en foi ; & on
ne veut pas les avouer, parce qu'ils font devenus malheureufement trop naturels pour
être fentis.

Que ceux à qui la vérité commence à les
reprocher, fe rendent donc attentifs au langage qui les accufe pour les guérir ; qu'ils
s'étudient bien dans les autres, & qu'ils ju-
gent de la peine qu'ils leur caufent par celle
qu'ils ont à les fupporter. Qu'ils abaiffent les
collines, qu'ils ceffent de penfer trop favorablement d'eux-mêmes ; & l'humilité leur dé-

couvrira bien-tôt ce que l'amour propre leur cachoit. Ils reconnoîtront que ce font eux qui répandent la froideur & le dégoût dans les cœurs, qui manquent plus fouvent aux devoirs d'une charité vraiment fraternelle, qui irritent les paffions des autres, qui ont plus befoin d'être fupportés, qui contriftent les foibles, & les découragent dans les voies de Dieu. Dans cette vûe, s'ils ont l'efprit de pénitence, ils travailleront à fe rendre affables, prévenans, doux, patiens, officieux, toujours femblables à eux-mêmes, & pour toutes fortes de perfonnes : c'eft par ces foins que les chemins tortus fe redreffent, que les raboteux deviennent unis, & qu'on travaille à remplir toute juftice.

P R I E R E.

QU'il eft donc rare, ô mon Dieu, que l'homme une fois déréglé par le péché, foit parfaitement renouvellé devant vous par la Pénitence ! Hélas ! ne permettez pas du moins qu'elle ferve jamais de prétexte aux défauts qu'elle devroit corriger, ni que l'amour propre, qui trop fouvent nous aveugle, s'accroiffe du débris de quelque vice groffier. Il femble, en effet, que ce foit affez d'avoir réformé certains articles, pour fe pardonner tout le refte, pour avoir droit de ne plus ouvrir les yeux que fur les défauts de fes freres, & pour fe croire difpenfé des ménagemens qu'on exige foi-même d'eux. C'eft à-dire, ô mon Dieu ! qu'on se croit bien avec vous, tandis qu'on ne vous imite pas, qu'on déshonore votre nom, & qu'on rend votre service odieux. Ne me laissez pas donner, Seigneur, dans une méprise si funeste pour mon salut. Eh ! de quoi me serviroit de fermer une porte à mon ennemi, tandis que je lui en ouvrirois quelqu'autre, peut-être plus favorable à ses pernicieux desseins ? Eclairez-moi sur tout ce qui peut souiller ma pénitence & la rendre imparfaite à vos yeux : créez vous-même en moi un esprit droit & un cœur pur ; redressez mes inclinations, applanissez mes inégalités, donnez-moi de corriger mes humeurs, & de ne pas me lasser dans ce travail, afin que toutes les voies vous soient ouvertes pour revenir regner sur mon ame, & la posséder pour jamais.

POUR LE SAMEDI.

DE L'EPITRE.

Alors chacun recevra de Dieu la louange qui lui sera dûe. S. Paul. 1. Cor. c. 4.

LE desir de la gloire est gravé dans la nature de l'homme ; il est créé pour elle : mais pour son malheur il s'y méprend. Il est fait pour une gloire immortelle, & sa vanité se repaît d'une gloire qui passe comme la fleur. La seule gloire solide à laquelle il puisse prétendre en cette vie, la seule dont il doive être jaloux, c'est la gloire du témoignage de sa conscience. Que lui serviroit d'être estimé de ceux qui ne voient que les œuvres, s'il étoit condamné par celui qui voit le cœur? C'est par-là que Dieu nous jugera, & c'est par-là qu'il faut lui plaire. Que reviendra t il à l'hypocrite, d'avoir surpris les suffrages des hommes par l'apparence de ses fausses vertus? Sa stérile gloire ne fait qu'accumuler ses peines, & lui préparer une plus grande confusion. Quel plaisir même pouvons-nous goûter dès-à-présent dans une réputation qu'un seul mot peut flétrir pour toujours? Et que n'avons-nous assez de sagesse pour changer d'objet ! l'estime des hommes, toute frivole qu'elle est, ne coûte t elle pas plus dans le fond, que l'approbation de Dieu ? Quelle gêne, quels assujettissemens ! Que ne faisons-nous pas, que ne risquons-nous pas en voulant plaire au monde, & y être compté pour quelque chose? Il ne connoît pas en quoi consiste le vrai mérite; l'esprit de mensonge & d'erreur le domine; il ne sçait pas rendre justice à la vertu, le plus souvent il la méprise : c'est tout ce qu'on peut en attendre tôt ou tard.

Hélas ! condamnons-nous plûtôt à ce mépris, s'il le faut, recherchons les humiliations, apprenons du moins à nous en réjouir quand elles se présentent, & connoissons-en le prix : choisissons, autant qu'il est possible, les états, les places, les fonctions, les vertus les plus obscures; & cachons avec soin le bien que nous faisons, pour en réserver toute la récompense au jugement de Dieu; il n'y a qu'elle seule de solide : les hommes mourront, & notre gloire mourroit avec eux. Qu'importe donc que nous soyons effacés de leur esprit, pourvu que nous soyons écrits dans le cœur du Dieu vivant? Quelle différence entre les louanges humaines & celles qu'on recevra de lui! Louanges sûres, exemptes de toute méprise; Dieu ne louera que ceux qui mériteront d'être loués, & lui seul connoît ceux qui le méritent. Louanges équitables, où la flatterie n'aura point de part; il ne louera chacun qu'autant qu'il sera louable. Louanges légitimes, dont le juste & l'innocent plaisir ne sera point troublé par la crainte de l'orgueil; il n'y aura point de vanité dans la complaisance de se voir loué par la vérité. Louanges universelles, que personne ne désavouera, parce qu'il n'y aura plus alors de variété dans les vues des hommes, ni d'injustice dans leurs affections. Louanges éternelles enfin, qui ne seront interrompues ni par l'inconstance de celui qui les donnera, ni par le changement de ceux qui les recevront.

PRIERE.

O Gloire solide, seule digne de tous les empressemens des hommes & des Anges! excitez aujourd'hui toute la vivacité de mes desirs, ou confondez du moins toute la folie de mes pensées. Vous le voyez, Seigneur, à quoi s'amuse ma vanité : vous m'avez donné, en me créant, des pensées élevées, je me sens fait pour quelque chose de grand; & je m'avilis : toutes mes vues, & jusques dans les choses les plus saintes (ce qui est horrible à vos yeux) toute mon ambition se borne à la recherche d'une estime vaine, que j'obtiens rarement jusqu'au point que je voudrois, dont je ne jouis jamais avec sécurité, que je puis perdre à tout moment, qui n'ira pas du moins au delà des bornes de ma vie ou de celle de mes admirateurs. Ce n'étoit que de votre bouche, ô mon Dieu! que je devois desirer d'être loué; & je sacrifie cette espérance consolante, en m'exposant d'ailleurs à un opprobre éternel. Je le comprens, Seigneur, & il est temps d'ouvrir les yeux sur mon erreur; dissipez-la par la lumière de votre vérité; corrigez le désordre de mon cœur par l'impression de votre grace, & apprenez-moi désormais à mieux user du penchant que vous m'avez donne : je réprimerai alors les impatiences que ma vanité me cause; je ne me plaindrai ni du mépris, ni de l'oubli de vos créatures; toute mon inquié-

tude fera de mériter des louanges aufli folides que juftes : trop heureux d'y pouvoir parvenir ! & je n'aurai de plaifir à les recevoir,
que quand elles me viendront de vous-même.

DE L'EVANGILE.

Tout homme verra le falut de Dieu. S. Luc. c. 3.

TOut homme voit le falut de Dieu, toutes les fois que Dieu lui préfente quelque moyen de falut. Une œuvre de charité
qui s'offre à faire, un malheureux à confoler,
un innocent à protéger, un pauvre à fecou-
rir, un ignorant à inftruire, un efprit foible
à ménager, un incommode à fouffrir, un mauvais traitement, une injuftice, une humiliation, une perte, ou quelqu'autre privation
plus douloureufe encore à fupporter ; une
épreuve à foutenir pour demeurer fidéle à fes
devoirs ; une occafion de s'inftruire de quelque vérité néceffaire, de la rappeler vivement, & de fe défabufer d'une prévention
dangereufe ; une voie pour fortir de quelqu'engagement mauvais ; un afyle pour fe
mettre à couvert des tentations trop fréquentes du monde : on ne fauroit imaginer fous
combien de faces la bonté de Dieu nous montre notre falut, & les différentes formes que
prend la grace en notre faveur. Mais fouvent
nos yeux y font fermés, ou nous le voyons
fans le voir. Les plus grandes richeffes vien-

ment s'offrir à nous ; & je ne fai quelle malheureuse indolence fur notre plus preffant intérêt, nous rend indifférent à ce qui peut en décider. Réveillons-nous ; les occafions de faire le bien font toujours précieufes, quelquefois uniques, fouvent irrévocables ; & nous les laiffons échaper avec une négligence qui montre affez que nous en fentons peu la perte, & que nous ne la regrettons point. Rien n'eft petit dans ce qui peut nous être un fujet de mérite : il faut ménager jufqu'aux moindres graces, & nous ne favons pas ufer des plus grands fecours.

Quel fut pour les Juifs le fruit du miniftère de Jefus-Chrift ? Ils virent tous le falut de Dieu ; ils virent cette grande lumière que Dieu leur envoyoit : mais la lumière fe fit voir en vain dans le ténèbres, & les ténèbres n'en furent point éclairées. Nous-mêmes, quel avantage, après tout, retirons-nous de la connoiffance de l'Evangile ? Nous jouiffons de fa lumière comme de celle du jour, fans fonger fouvent pour quel ufage Dieu nous l'a donnée. Seroit ce inutilement qu'il nous auroit fait connoître par Jefus-Chrift la vraie deftinée de l'homme, l'objet éternel de fes defirs, & la voie qui conduit à lui ? Ceux qui portent le nom de Chrétien, ne fauroient trop fouvent réfléchir fur des bienfaits dont ils fentent fi peu le prix. Serions-nous, en effet, moins infidéles à nous-mêmes, notre éternité nous seroit-elle quelquefois plus indifférente, si elle nous étoit absolument inconnue? Nous avons été gratuitement préférés à tant de nations infortunées qui vivent encore comme sans Dieu dans le monde ; & leurs mœurs sont souvent plus dignes que les nôtres, des connoissances que la Religion nous donne. Nous avons la foi des vrais biens, & nous ne vivons que pour tout ce que le temps emporte.

PRIERE.

QUel contraste, grand Dieu! Qu'avez-vous donc encore à nous montrer? Attendons-nous que vous nous donniez de meilleures espérances, ou des instructions plus saintes? Faut-il que vous nous offriez plus de moyens d'apprendre ce que nous ne savons pas, & de pratiquer ce que nous savons? Qu'avez-vous dû faire pour votre vigne que vous n'ayez pas fait? O Dieu! que vos bontés sont ineffables dans leur source, infinies dans leur effusion ; & que l'homme en est peu digne! Pourquoi, placé dans les sentiers de la justice, au milieu de tant de richesses, sous l'ombre de vos aîles, & accablé par le poids de vos bienfaits ; pourquoi mon misérable cœur ne s'attendrit il pas, & ne se fond-il pas même tout entier en reconnoissance? Vous m'avez déjà prévenu, Seigneur, en tant de manieres; mais la grace & le bon usage de la grace, sont également vos dons : achevez en

moi votre ouvrage, afin que par une fidélité
perśevérante à recueillir le fruit de vos miśéricordes, je me rende digne de les chanter à
jamais.

JOUR DE NOEL.

REFLEXIONS

DE L'EPITRE.

Dieu nous a parlé enfin dans ces dernier
jours par son propre Fils. S. Paul
aux Hébreux. chap. 1.

DIeu nous parle par tout ce qui nous fait
connoître ce qu'il eſt & ce que nous lui
devons. La voix ſeule de la nature rendoit
inexcuſables ceux qui n'en honoroient pas l'Auteur par une vie digne de lui. Le miniſtère
de Moïſe & des Prophètes étoit un nouveau
ſujet de condamnation pour les Juifs infidéles : la parole de Dïeu dèlors fut inviolable, & toutes les déſobéiſſances śévèrement punies. Comment donc, dit l'Apôtre, éviterions-nous le plus terrible châtiment, ſi nous négligeons l'Evangile de ſalut
que Dieu nous a fait annoncer par ſon propre
Fils? Quiconque mépriſe ce Fils, quiconque
rejette ſa parole & la rend inutile, a, dit il,
un Juge qui doit le juger au dernier jour; &
ce Juge, c'eſt cette parole même prêchée aux
hommes par un miniſtère ſi ſaint, & digne

par elle feule de tout le refpect qu'on doit à la vérité qu'elle refpire.

Cependant, quelles font nos difpofitions pour elle? De quel œil regardons-nous l'Evangile éternel, & de quel ufage eft-il pour nous dans le détail de la vie? Hélas! les moins coupables, peut-être parmi nous, font ceux qui ne le font que d'une négligence & d'une indifférence prefque auffi funefte que le mépris même. Ce font, dit Saint Paul, des vafes entr'ouverts, d'où l'eau s'écoule & fe perd fans ceffe. Cette parole qui eft la vie des efprits & la nourriture des cœurs, ne trouve dans les uns qu'une foule de diffipations, ou dans les autres une multiplicité de defirs qui l'en font fortir prefque auffi-tôt qu'elle y eft entrée. Cette pluie de grace qui, bien mieux que celle de Moïfe, devroit tomber chaque jour, comme la rofée, fur la terre de notre ame, la pénétrer & la rendre féconde, nous laiffe dans notre premiere ftérilité. Ces maximes faintes, qui font pour les juftes une fource inépuifable de réflexions & de fentimens, deviennent infenfiblement un vain langage dont on fe joue, & avec lequel on fe familiarife fans refpect. On oublie que Dieu nous parle en Jefus-Chrift avec un appareil digne de toute Sa Majefté; que jamais fes volontés ne furent révélées par une bouche qui méritât mieux toute notre attention & notre obéiffance : c'eft le verbe lui-même parmi nous, seul digne de parler de Dieu, parce qu'il est Dieu ; &, pour notre malheur, contre ses desseins, sa parole retourne à lui presque sans fruit. Réfléchissons du moins aujourd'hui sur le caractère du Maître que le Pere céleste nous donne. Respectons le Fils, si nous n'avons pas respecté les serviteurs ; craignons, en l'écoutant, la juste peine de l'endurcissement ; gardons-nous de fermer les oreilles du cœur aux oracles divins qu'il prononce : & souvenons-nous que l'entrée du repos éternel qu'il annonce, doit être à jamais fermée pour ceux qui auront méconnu sa voix.

PRIERE.

Dieu sévère, juste vengeur de l'abus de vos dons, serai-je donc assez malheureux pour tourner à ma perte l'inestimable don de votre Fils unique ? Resterai-je dans le desert pour avoir refusé de marcher sous la conduite de ce guide qui doit m'introduire au sejour de vos promesses ? Périrai-je avec l'Evangile du salut sans cesse dans mes mains, & tous les jours sous mes yeux ? Non, Seigneur, que cette parole qui étoit en vous, qui est vous-même, & que vous avez envoyée sur la terre, opére en moi tout ce que vous voulez qu'elle y fasse ; qu'elle ne trouve jamais ni d'incrédulité dans mon cœur, ni d'indocilité dans mon esprit, ni sur-tout, de contradictions dans ma conduite & dans mes mœurs ; qu'elle me pénétre comme un glaive

fort & tranchant de toute fa vive efficace;
qu'elle fépare mon ame de fes propres penfées, qu'elle la change & la renouvelle toute
entiere; que je la reçoive avec reconnoiffance, que je la goûte avec avidité, que je la
pratique avec une fidélité fans réferve; qu'elle
devienne enfin pour moi la fource & le mérite d'une vie fainte dans le temps, & heureufement confommée dans l'éternité.

DE L'EVANGILE.

Vous trouverez l'Enfant enveloppé de langes
& couché dans une crêche. S. Luc. c. 2.

QUel fpectacle pour une ame qui croit,
qui fent & qui réfléchit ! Faut-il même
de la foi ou de grands efforts d'efprit pour en
tirer des inftructions falutaires ? O homme,
qui que vous foyez, d'où vous vient l'orgueil ? Eft-ce de la boue dont vous avez été
pétri, & cette origine vous paroît-elle bien
propre à vous enfler le cœur ? Eft-ce de l'infirmité de votre chair, & y trouvez-vous de
quoi vous plaire à vous-même ? Rappellez
ici ces foibles commencemens, ces progrès
infenfibles, ces accroiffemens fi lents qu'un
enfant prend dans le fein de fa mere : voyez-
le naître & paroître au jour; voyez fon ex-
ceffive foibleffe, fon impuiffance à fe couvrir,
ce corps fans vigueur, cette bouche qui ne
s'ouvre qu'aux cris, & qui ne fait pas même
exprimer fes befoins. Voilà par où vous fites

votre premiere entrée dans le monde; vous n'y apportâtes rien, vous n'en remporterez rien. Voyez la nudité de cet enfant, voyez ces langes dont ont l'enveloppe pour le défendre des injures de l'air & des saisons, telle est l'indigence de la mortalité qui vous environne.

Mais si vous songez que ce même enfant enveloppé de langes & couché dans une crêche, *est le Sauveur qui vous est né*; si vous réfléchissez que dans cette infirmité même, dans cet état pauvre & dans ces privations, il est votre maître & votre modéle, que de nouvelles vues, que de sentimens différens ce spectacle, aussi touchant qu'admirable, doit-il vous inspirer! De tout temps, peut-être, vous avez envié le sort des riches; l'éclat de la gloire humaine auroit eu pour vous quelque chose de bien doux; un rang distingué dans le monde eût été votre ambition: mais venez en esprit, & voyez le lieu où votre Seigneur fut mis: entrez dans l'Etable de Bethléem, & désabusez-vous. Ce divin enfant que vous y verrez, connoît sans doute mieux que vous le prix des choses; & il se prive volontairement de tous les biens où vous seriez tenté de mettre votre bonheur. Quel langage, & qu'il est énergique pour qui sait bien l'entendre! *De riche qu'il étoit,* dit S. Paul, *il s'est fait pauvre pour nous.* Il veut naître de parens pauvres; il veut naître dans une ville étran-

gére, où il fait bien que tous les fecours doivent lui manquer; il choifit pour venir au monde un lieu qui n'eft deftiné qu'à de vils animaux : forti du fein de fa mere, il eft, comme le plus dénué, enveloppé de quelques langes, & couché dans une crêche. Eft-il une
indigence pareille à la fienne, en eft-il du
moins une auffi volontaire? Si l'opulence &
les grandeurs euffent été des avantages dignes
de l'homme, qui pouvoit fe les procurer avec
plus de facilité que ce Maître de l'Univers ?
Tout ne refpire au contraire en lui qu'obf-
curité, que baffeffe, qu'humiliations. N'attendez pas qu'il ait relevé les avantages
de la pauvreté par fes difcours, & qu'il ait
prononcé contre les riches. Laiffez-là fes anathémes : fon exemple feul vaut aujourd'hui
pour vous toutes fes maximes; & il vous prêche par fon état plus fortement que jamais,
un mépris univerfel du monde & des fes vaines félicités. Comment donc, s'il fe prive
ainfi de tous fes biens, s'il fe dérobe à fes
honneurs, s'il renonce à fes pompes, comment toutes ces chimères feroient-elles encore
l'objet de vos empreffemens ? Rougiffez-
vous de reffembler à votre Dieu ? C'eft à vous
à fonder votre cœur. Mais que d'autres leçons
encore ne vous fait-il point par ces abaiffemens
& par ces privations ! La foi nous découvre en
lui la lumière même fans le moindre éclat, la
parole dans le filence, la vie fans reffource :

telle eft, comprenez-le bien, cette fage folie par où Dieu veut fauver ceux qui croient en lui. C'eft l'orgueil qui nous a perdus, c'eft l'humilité qui doit nous relever du néant où le péché nous a réduits. Ne penfons qu'à avoir des fentimens conformes à ceux de Jefus naif-fant. *Quiconque s'humiliera comme cet Enfant, fera grand dans le Royaume de Dieu.*

PRIERE.

QUe ce foit donc là, mon Dieu, le fruit que je recueille avec tous vos Saints, de la divine enfance de votre Fils. Que j'aille comme eux aux pieds de fa crêche décroître à mes propres yeux, abjurer fans retour le monde avec tout ce qu'il a de vain, appren-dre la douceur, la fimplicité, la dépendance, l'amour du filence, le goût de la vie retirée, la patience dans les privations, l'indifférence pour les aifes. Que fon exemple me défabufe de toutes les illufions des fens ; qu'il me con-vainque pour toujours de la vanité des biens dont il fe prive, de la gloire humaine qu'il fuit, & de la puiffance qu'il rejette ; que l'état humble & pauvre où je l'adore aujourd'hui, m'apprenne enfin à ne plus connoître d'autres richeffes que les vertus dont il devient le mo-dèle par fon exemple, comme il en eft l'au-teur par fa grace.

SECONDE FESTE DE NOEL.

DE L'EPITRE.

Non à cause des œuvres de justice que nous eussions faites, mais à cause de sa grande miséricorde, Dieu nous a sauvés. S. Paul à Tite chap. 3.

DIeu ne nous appelle pas à cause que nous sommes justes, mais afin que nous le devenions. Ce ne sont pas les seuls secours de la Religion qui nous sanctifient, c'est leur bon usage. Jesus-Christ ne nous sert de rien si nous vivons comme le monde vivoit avant qu'il parût sur la terre : or, qu'étoient les hommes alors, que le plus grand nombre ne soit encore dans la profession même du Christianisme ? Ils vivoient comme des insensés, dit Saint Paul dans un endroit de cette Epitre. Ce n'étoient plus ces cœurs remplis de sens que Dieu leur avoit donnés pour discerner les biens & les maux ; ils se conduisoient comme au hasard, & selon l'impression que les différens objets faisoient sur eux ; ils étoient incrédules ou désobéissans, incapables de goûter les maximes les plus sages, & de s'assujettir aux loix les plus justes. Errans & livrés à l'égarement d'un esprit qui ne réfléchissoit ni sur le principe de son être, ni sur la fin qu'il devoit se proposer dans ses actions ; asservis à mille paſſions différentes, eſclaves des voluptés, ils ne ſongeoient qu'à s'aſſurer les biens qui les procurent, qu'à faire les uns contre les autres tout ce que l'envie & la malignité leur inſpiroient; haïſſables eux-mêmes & ſe haïſſant tous.

N'eſt-ce pas encore là, par proportion, le portrait de ce qu'on appelle parmi nous le monde & les gens du monde? Dieu veuille que parmi ceux qui s'en regardent comme ſéparés, il ne reſte aucun trait d'une telle image. Où ſont les effets de ce nouvel eſprit que Dieu répandit par Jeſus-Chriſt avec tant d'abondance? Où retrouve-t-on la richeſſe de ces œuvres de la foi, que ceux qui croient en Dieu doivent s'empreſſer de produire, comme l'Apôtre le dit dans la ſuite? Où ſont ceux qui paroiſſent connoître ce qu'il y a de véritablement utile aux hommes, & qui le recherchent avec empreſſement? Et ſi pour tous ceux qui l'ignorent ou qui le négligent, la grace chrétienne eſt une grace perdue, hélas! que de travaux & de mérites comme anéantis par cette infidélité! L'Enfance de Jeſus-Chriſt, ſon miniſtère, ſes fatigues, ſa mort, tout ce qu'il a fait & tout ce qu'il a ſouffert, n'eſt plus rien pour une infinité de perſonnes qui ſe repoſent à l'ombre du nom que leur vie dément. Ce nom ne laiſſe pas de les raſſûrer par les reſſources qui y paroiſſent attachées; mais on leur dira toujours; s'ils prétendent au bonheur d'une vie future, pourquoi négligent-ils les moyens de s'en rendre dignes; & s'ils n'y prétendent pas, pourquoi se disent-ils Chrétiens?

P R I E R E.

EST-ce donc là, mon Dieu, tout le fruit que nous recueillons de vos bontés & de votre amour ponr les hommes? Nous voudrions bien jouir de votre héritage, la promesse nous flatte, mais les conditions nous déplaisent; nous ne méconnoissons point la préférence que vous avez faite de nous à ces nations que vous laissiez marcher dans leurs voies; mais par l'abus sacrilége & volontaire que nous faisons de cette grace signalée, tout notre avantage sur les payens se réduit au fond à mieux connoître nos égaremens, à pécher contre nos lumières, à nous rendre coupables d'un nouveau dégré de malice, à combler l'impiété par l'ingratitude. Ah! c'est nous-mêmes, Seigneur, qui sommes ces insensés dont parle votre Apôtre; & c'est une double folie de ne savoir pas user de la sagesse. Confondez donc en moi cette folie, & séparez ma cause de celle des nations qui ne vous connoissent pas : faites que j'estime plus que jamais le prix de ma vocation, que j'en remplisse fidélement les conditions & les régles, de peur que les moyens de sanctification que vous m'avez offerts par Jesus-Christ votre Fils, ne servent qu'à me rendre

digne de toute la rigueur de vos vengeances.

DE L'EVANGILE.

*Allons jusqu'à Bethléem, & voyons ce qui y
est arrivé, & ce que le Seigneur nous a
fait voir. S. Luc chap. 2.*

DIeu ne nous donne point de connoissances inutiles; tout ce qu'il nous révéle
exige de nous quelque devoir, & ce devoir
n'est jamais une stérile admiration de sa sagesse
& de ses œuvres : il ne se fait connoître que
pour se faire honorer d'une maniere digne de
lui. C'est donc pour nous un soin très-pressant
de nous assûrer si c'est lui qui nous parle, &
d'être attentifs à ce qu'il demande de nous;
mais qu'il est rare de remplir cette obligation
toute entiere ! Si ce qu'il y a de merveilleux
dans les témoignages que Dieu rend de lui-
même, excite quelquefois notre curiosité, ce
qu'il y a d'intéressant ne nous laisse que trop
souvent dans notre indolence. Les Bergers
vont jusqu'à Bethléem, ils y reconnoissent la
vérité de ce qui vient de leur être annoncé
par les Anges; ils racontent ce qu'on leur a
dit & ce qu'ils ont vû : ceux qui l'apprennent
l'admirent, & ne vont pas plus loin. Tout
se termine, de la part des Bergers mêmes, à
donner à Dieu quelques louanges. La nouvelle de la naissance d'un Sauveur tombe comme les bruits les plus indifférens, & demeure

comme enfevelie dans un oubli profond.

Trop naïve image d'une indifférence auffi commune parmi les hommes qu'elle leur eft funefte ! Qu'y a-t-il parmi nous qu'on fe donne moins la peine d'approfondir, que ce que l'hiftoire du Chriftianifme nous apprend de fon Auteur ? Content d'une idée fuperficielle de la fuite des événemens & de ce que les enfans apprennent en abrégé, on s'en tient là ; on croit fans voir, mais dans un fens bien différent de celui de l'Evangile ; on fent confufément les merveilles de la vie de Jefus-Chrift, mais on ne fonge point que ces merveilles bien reconnues doivent abfolument décider de toute notre deftinée. Si Jefus-Chrift eft le Sauveur qui nous eft né ; fi c'eft lui, comme Homme-Dieu & comme Verbe incarné, qui doit nous conduire à Dieu même ; fi fes maximes font nos régles, & fes exemples feuls notre modéle, ne font-ce pas là des objets dignes & feuls dignes de toute notre attention ? Pourquoi n'allons-nous point jufqu'à Bethléem ? Pourquoi ne faifons nous pas notre plus férieufe étude des raifons que nons avons de croire ? C'eft regarder, en quelque façon, la Religion comme un problême ; c'eft fe plaire dans les doutes ; c'eft aimer à flotter dans fes incertitudes ; c'eft vouloir remplir toute fa vie d'infidélités & de négligences. Une foi négligée, une foi mal affurée & mal nourrie, rend néceffairement notre

efpérance

eſpérance languiſſante, nous laiſſe dans notre péſanteur naturelle, & rallentit notre ardeur pour les obligations que la loi nous impoſe. Saiſiſſons donc avec empreſſement toutes les occaſions de nous établir dans une conviction pleine des vérités de la Religion, dans cette foi vive & forte qui n'héſite point, qui domine ſur toutes les penſées, & qui qevient la régle ſouveraine de tous les ſentimens du juſte.

PRIERE,

VOilà, mon Dieu, la leçon que vous me faites aujourd'hui ; vous me remettez ſur les voies, pour entrer dans toute l'économie du Myſtére de Jeſus-Chriſt. Que j'aille donc le voir en eſprit tel que vous l'avez fait révé-ler aux Bergers ; que ma foi s'affermiſſe de plus en plus à ce grand ſpectacle ; que ma piété s'en nourriſſe ; que je n'examine & ne m'aſſure des faits que pour aimer de plus en plus les devoirs d'une Religion divine dont ils ſont les preuves ; que la vue d'un Sauveur redou-ble mes deſirs pour le ſalut ; que je ne jette jamais ſur lui des regards indifférens, mais qu'en le voyant dans l'état où il s'eſt réduit pour moi, j'apprenne à le ſervir avec toute la ferveur que la reconnoiſſance & l'amour peuvent inſpirer au cœur le plus fidéle.

TROISIÉME FÊTE DE NOEL.

DE L'ÉPITRE.

Jesus-Christ s'est livré pour nous, afin de nous affranchir de tous les vices, & de se sanctifier un peuple fervent dans les bonnes œuvres. S. Paul à Tite. c. 2.

CEsser de faire le mal, apprendre à faire le bien, c'étoit la double leçon que les anciens Prophêtes faisoient aux hommes. Les affranchir de tous les vices, & les rendre fervens dans les bonnes œuvres ; ce fut l'objet du ministère & des instructions de Jesus-Christ. La science de la Religion ne consiste donc point dans des spéculations oisives ; elle a son systême fixe, dont on voit un précis dans cet endroit de l'Epître de S. Paul : mais ce systême est un systême pratique, c'est comme l'art de sanctifier les hommes, & de les rendre dignes du bonheur éternel que Dieu leur destine. La premiere maxime de la sanctification, c'est de s'affranchir de tous les vices. Nous en portons tous la racine en nous-mêmes : c'est la cupidité qui comprend tout ce que l'Apôtre appelle les desirs du monde ; c'est le vice universel à qui nous donnons des noms différens, selon la différence des objets de nos desirs ou de nos amours. Tout vice, en effet, n'est qu'un amour

de la créature pour elle-même & pour le plaisir d'en jouir. Il est permis d'en user comme
d'un moyen pour aller à Dieu ; mais aimer
la créature jusqu'à l'oubli du Créateur, l'aimer pour ce qu'elle est, y chercher son bonheur en tout ou en partie, y borner ses attachemens, c'est-là le crime, c'est l'impiété même à laquelle Jesus-Christ nous apprend à renoncer. C'en étoit une d'adorer de fausses di-
vinités, & d'y mettre sa confiance ; mais cette
impiété dont nous ne sommes plus tentés, se
réduisoit toujours au fond à servir la créature
au lieu du Créateur : or, ce qu'on sert, c'est
ce qu'on aime. Nous ne cessons point d'être
idolâtres, nous ne cessons point d'être impies dans quelque degré, tandis que nous
aimons hors de Dieu quelque chose que nous
n'aimons pas pour Dieu même.

Voilà donc le grand vice dont nous devons
travailler à nous affranchir ; voilà le grand
objet de notre ferveur dans les bonnes œuvres. Ce nom ne fait que trop souvent prendre le change : on appelle bonnes œuvres
certains exercices de choix dont on se fait des
régles : ce sont des pratiques de dévotion,
des privations extérieures, de la retraite, du
silence, des lectures, des visites rendues aux
pauvres, aux malades, aux affligés, des soins
qu'on prend pour eux, des secours qu'on leur
procure. Ces sorte d'œuvres sont bonnes sans
doute, & entrent dans l'ordre du salut quand

elles sont inspirées par une charité fervente &
par un zéle pur & désintéressé; mais il arrive
souvent qu'elles occupent, qu'elles amusent,
qu'elles dissipent & ne sanctifient point : c'est
par le cœur qu'il faut commencer, continuer
& finir. Les vraies bonnes œuvres sont de
purifier ses amours, de les détacher des objets
qu'on ne doit jamais aimer; de modérer ses
attachemens les plus légitimes, de régler enfin toutes ses affections de maniere que nous
vivions avec tempérance pour nous-mêmes,
avec justice pour le reste des hommes, avec
piété pour Dieu. Ce plan qui comprend tous
nos devoirs, ne peut être parfaitement rempli que par un amour dominant du souverain
bien : ce doit être en même tems & le principe,
& l'objet, & le motif de toutes nos œuvres.
Eh ! comment un Chrétien qui vit dans l'attente d'un état immortel, ne comprend-il pas
qu'il n'a pas d'autre intérêt dans le siécle présent, que celui de travailler incessamment à se
déprendre de tout ce qui périt? Comment se
repose-t-il sur quelques dehors de Religion,
tandis qu'il ressent au-dedans tant de secrets
empressemens pour tout autre chose, tandis
que ces sensibilités l'avertissent qu'il tient encore de tous côtés à la créature;

P R I E R E.

AUteur adorable de tout don parfait, vous
de qui vient la lumiere & l'usage de la lumiere, faites, mon Dieu, que j'use mieux des fa-

lutaires inſtructions de votre Fils; faites que je devienne fidéle à proportion que je ſuis éclairé; que ma ferveur s'allume à la vûe des grands devoirs que vous m'avez tracés par Jeſus-Chriſt; que je travaille ſans relâche à détruire les obſtacles que j'y trouve dans mes attachemens aux choſes créées; que j'aille enfin, une fois pour toutes, juſqu'à la ſource du mal; qu'en arrachant juſqu'aux moindres reſtes de la cupidité, je détruiſe en moi tous les vices qu'elle produit; que mes jours ſoient remplis de bonnes œuvres, afin que je ne ſois point rejetté du milieu de ce peuple ſaint & choiſi dont vous ſerez éternellement le Dieu & la félicité ſouveraine.

DE L'ÉVANGILE.

Il a donné le pouvoir de devenir enfans de Dieu à ceux qui croient en ſon nom, qui ne ſont point nés ni du ſang, ni de la volonté de la chair, ni de la volonté de l'homme, mais de Dieu. S. Jean. ch. 1.

TOus les hommes ſont dans un ſens les enfans de Dieu qui leur a donné l'étre; il eſt l'auteur & le pere de toute la nature : mais par leurs dérèglemens, les hommes ſont devenus pour lui comme un adultère, des enfans menteurs, des enfans ingrats, des enfans infidèles, des enfans déſerteurs. Ce ſont les noms qn'il donne par ſes Prophétes à ceux de ce peuple choiſi qu'il regardoit comme

sa famille sur la terre. Ils ont mis le comble
à leurs crimes, & dès-lors ils ont cessé d'être
son peuple & ses enfans. Ceux qui le sont devenus par Jesus-Christ, auront le même sort
s'ils tombent dans les mêmes infidélités. Dieu
n'adopte point les méchans; il n'est point,
dans ce sens, le père des pécheurs; les injustes n'auront point de part à son héritage, &
n'habiteront point dans les demeures éternelles qu'il prépare à ses Elûs: il ne reconnoît
pour ses vrais enfans que ceux qui sont soumis à ses volontés. Formons-nous donc une
juste idée de ce pouvoir que Jesus-Christ nous
a donné de le devenir: ce n'est qu'autant que
nous croyons en son nom & à sa parole, &
que nous vivons selon ses maximes. Ce qui
fait notre adoption, c'est notre justice & notre vie dans la grace. Comment nous flatte-
rions-nous d'être nés de Dieu, tandis que nous
n'avons que des ames de sang, des cœurs de
boue, des desirs de chair & des volontés
tout humaines ?

L'Evangéliste a grand soin de marquer ces
différences qui distinguent ceux qui ne sont
point enfans de Dieu, de ceux qui le sont:
il n'y a que la présomption qui puisse s'y méprendre. Etre l'ami de Dieu, son enfant, son
héritier, ce sont des titres qui font notre consolation quand notre vie justifie notre confiance. Il n'est aucun plaisir qui puisse nous
remplir de tant de douceurs, que celui de pen-

fer à ce que nous sommes pour lui & à ce qu'il
est pour nous, quand nous nous sentons pres-
fés d'un vif amour pour ses loix, & d'une haine
parfaite pour tout ce qui peut lui déplaire.
Qu'on estime donc tout ce que valent ces
douceurs intérieures des vrais enfans; qu'on
s'en faffe une juste idée, & qu'elle ranime
ceux qui ont le malheur de ne pas goûter un
nom que leurs mœurs démentent; qu'elle répande dans leur cœur un tendre amour des
loix du Seigneur; qu'elle leur inspire le courage de se détacher des objets qui les rendent
incapables de cet amour, ou qui le bleffent;
de vaincre leurs penchans, de renoncer à
leurs volontés propres, de furmonter les répugnances qu'ils ont pour les devoirs de la juftice. Qu'ils se repréfentent fouvent l'état malheureux d'un enfant déchû des droits de fa
naiffance, exclu de l'héritage de fon pere,
banni de fa maison pour toujours, & devenu
l'objet de fon éternelle inimitié: c'est la deftinée de ceux qui paroiffent croire à l'Evangile,
mais qui négligent les moyens que Jefus-
Chrift leur a procurés de devenir faints pour
être adoptés par un Dieu Saint.

P R I E R E.

MOn Dieu! quand ferai-je donc attiré
pleinement par une fi douce efpérance?
Le droit de prétendre à la gloire de vos enfans, ne me fera-t il jamais affez précieux pour
lui facrifier tous les vains avantages que je lui

préfére? Quel excès d'amour de votre part, & quelle aveugle insensibilité de la mienne! Pourquoi, Seigneur, me donniez-vous un cœur capable de quelques sentimens, si je puis être touché de quelque autre bien que celui de m'attacher à vous, de vous être soumis, de vivre de la vie de ceux que vous honorez du nom de vos enfans, & que vous ferez jouir un jour de tous les priviléges de votre adoption divine? O Dieu! Dieu de mon cœur, remplissez-le pour vous, par une grace forte, d'un amour si parfait, que j'ose me flatter que je suis votre fils & que vous êtes mon pere: que ce sentiment m'occupe & m'anime à mériter de plus en plus une qualité tout-à-la-fois si consolante & si glorieuse.

POUR LE QUATRIEME JOUR,
après Noël.

DE L'EPITRE.

Tant que l'héritier est dans l'enfance, il ne diffère en rien d'un esclave. S. Paul aux Gal. c. 4.

IL y a dans la vie des mœurs une espéce d'enfance qui ne doit point passer avec le tems : c'est comme l'affoiblissement de l'esprit du monde & le déclin de la raison corrompue. Plus on devient éclairé dans la connoiſſance des devoirs de la juſtice & des loix de la charité, plus on a pris de goût pour les biens ſolides, plus on devient ſimple pour le mal, plus on a d'innocence, de candeur, d'affabilité, de douceur, de modeſtie; & plus on ſe ſent alors d'indifférence pour les richeſſes, pour les honneurs, pour la fortune, & pour tous les objets de l'ambition. Heureuſe enfance dans laquelle on doit ſouhaiter de croître ſans ceſſe! Mais il en eſt une autre dont malheureuſement on ne conſerve toujours que trop long-tems les inclinations : enfance éloignée du devoir, qui ne ſe ſoumet que par la crainte du châtiment, & qui change en effet les enfans en eſclave. C'eſt le premier vice de l'ame, de vouloir ce que la ſouveraine vérité défend, & de ne faire qu'à regret ce qu'elle commande : mais tant que l'amour n'eſt pas le principe de notre obéiſſance, tant que l'aſſujettiſſement nous gêne, tant que notre volonté ne ſe plaît pas dans la juſtice de la loi, tant que nous ne ſentons enfin que le poids d'un joug qui devroit nous paroître léger, nous n'avons encore que l'eſprit de ſervitude.

Interrogeons donc notre cœur, & répondons-nous à nous-mêmes ſur nos plus ſecrettes diſpoſitions. D'où nous viennent les répugnances, le dégoût, les ennuis, la triſteſſe que nous éprouvons au ſervice du Seigneur? N'eſt-ce pas d'un deſir caché de l'indépendance & d'un fond de révolte contre Dieu?

I v

Nous n'obéirions pas ſi nous n'étions preſſés d'obéir; c'eſt la main levée pour nous frapper qui nous contient: c'eſt-à dire, que nous ſommes fidéles ſans avoir aux yeux de Dieu le mérite de la fidélité. Ne faut-il donc pas craindre le Seigneur, dirons-nous? Oui ſans doute, c'eſt par la crainte que Dieu nous inſpire, que la piété commence d'ordinaire, mais il faut que la charité vienne l'achever. Ne faut-il donc pas craindre le Seigneur? Oui, mais ne faut il que le craindre? Si l'enfant eſt conduit par le même eſprit que l'eſclave, il n'y a point entr'eux de différence : il faut donc commencer au moins d'aimer, pour ſortir de cette enfance. On ne ceſſe pourtant pas de craindre encore, mais on craint comme un bon fils craint ſon père : on craint de violer les préceptes du Seigneur, parce qu'on craint de lui déplaire: on aime la juſtice, la beauté, la ſageſſe, la ſainteté de ſa loi, parce qu'on l'aime lui-même ; & un bon fils ne trouve jamais rien de dur dans les commandemens d'un bon père.

PRIERE.

QUe ces vérités me cauſent de frayeurs, ô mon Dieu! & que vous auriez ſujet de me rejetter du nombre de vos enfans! Je crois vous honorer aſſez quand je me rends à la lettre des devoirs que vous me faites, & je ne me reproche point le penchant que j'aurois de les violer : mais puis-je & dois-je me dissimuler mon éloignement jusqu'à un certain point de la justice de vos loix, & que même, en les observant, j'aimerois, en quelque maniere, que vous ne me les eussiez pas imposées ? Vous le voyez, Seigneur, vous qui découvrez ce qu'il y a de plus caché dans mes desirs. Ôtez-moi donc ces malheureux restes de l'ancien levain ; ôtez-moi ce cœur qui ne vous sert qu'en gémissant, répandez-y votre Esprit, afin qu'il le dilate & qu'il me fasse courir avec joie dans la voie de vos commandemens : donnez-moi pour vous cet amour de fils qui ne songe qu'à vous plaire en vous obéissant, & pour qui l'obéissance devienne un saint plaisir autant qu'un devoir respectueux.

DE L'ÉVANGILE.

Le Pere & la Mere de Jesus étoient dans l'admiration de ce qu'on disoit de lui. S. Luc, c. 2.

UNe ame éclairée qui réfléchit sérieusement sur les mystères du salut, ne cesse point d'admirer ; elle va de surprise en surprise, & toujours quelque nouvelle vûe lui cause un étonnement nouveau. Mais quelque grand que Dieu nous paroisse dans le bienfait de la rédemption commune, est-il moins admirable dans chacun de ses Saints en particulier ? Et sans sortir de nous mêmes, que de sujets d'admiration, quel fond de réflexions ſur les voies par où ſa ſageſſe nous conduit! quelle variété d'événemens dans le cours de notre vie! quelle révolution de vues, d'inclinations, d'attachemens, de projets, ſelon l'âge & les ſituations! Et cependant Dieu fait entrer tout cela dans l'ordre de ſes deſſeins ſur nous; tout y ſert, juſqu'aux légeretés qui nous ſont échappées, juſqu'aux engagemens imprudens, juſqu'aux péchés mêmes, qui nous rendent plus humbles & plus attentifs à conſerver ſes nouvelles graces.

Quelle foule de merveilles dans l'œuvre de la converſion même qui n'a rien d'éclatant au-dehors! Encore un coup, ne ſortons point de notre cercle, & occuponsnous des miſéricordes du Seigneur. Combien de démarches que nous n'aurions point faites de nous-mêmes! Que de difficultés Dieu nous a cachées, qui nous auroient effrayés dans un certain tems! Que de reſſorts différens il a remués pour nous approcher inſenſiblement du grand changement qu'il méditoit, pour mortifier notre amour propre, pour nous détacher des créatures, pour nous faire renoncer aux éſpérances vaines! Il y a fait ſervir les contradictions, les contre-tems, les revers, les humiliations, les inquiétudes de l'eſprit & les infirmités du corps. De combien d'erreurs encore il nous déſabuſe pour nous ouvrir les yeux ſur des égaremens que nous comptions pour rien! De combien de chûtes il nous releve, après nous avoir laiſſé éprouver les foibleſſes dont il nous guérit ? Que de ſecours imprévûs il nous ménage au tems du danger ! Que de reſſources ineſpérées dans le beſoin, par les diſpoſitions où il nous met pour nous ſoutenir ! Par combien d'épreuves il nous fait paſſer ! combien d'imperfections même il nous laiſſe, non pour nous rendre moins attentifs & fidéles, mais juſqu'à ce que nous ſoyons bien convaincus de toute notre fragilité ! Ces triſtes alternatives de ferveur & de dégoût, de zèle & de découragement ; c'eſt lui qui les permet pour nous tenir dans la vigilance, pour nous accoutumer à nous défier de nous-mêmes, à ne compter que ſur lui ſeul, à le regarder comme la ſource de toute notre juſtice, & l'unique auteur de notre ſalut,

PRIERE.

JE vous louerai donc dans vos Saints, ô mon Dieu ! j'admirerai les miracles que vous opérez en leur faveur, & les graces que vous leur faites ; mais je ſerai toujours moi-même le premier ſujet de mon étonnement. Qui ſuis je pour devenir l'objet de tant de ſoins ? C'eſt pour la gloire de votre nom, Seigneur, que vous voulez montrer en moi toutes les richeſſes de votre ſageſſe & de vos miſéricordes : la multitude en eſt infinie, les tréſors en ſont inépuiſables ; mon ame ne ſuffit pas à les comprendre, ni ma langue à les publier. Que puis-je faire de mieux, que de m'abandonner aux transports d'une joie sainte, que de prendre plaisir à voir tout ce que votre tendresse vous fait imaginer pour mon salut, & que de m'écrier de toutes les puissances de mon ame : *Non, Seigneur, il n'est rien de semblable à vous !*

POUR LE CINQUIEME JOUR
après Noël.

DE L'EPITRE.

L'héritier est sous la puissance des tuteurs & des curateurs jusqu'au tems prescrit par son Pere. S. Paul aux Gal. c. 4.

UNe des plus rudes peines de l'homme qui commence à vivre de l'esprit de la foi, c'est de se supporter lui-même. On ne se voit point à cette lumiere sans se déplaire & sans se hair. Quel affreux portrait ne nous fait elle pas de nous mêmes, en le tirant du fond de notre nature corrompue ? Il n'y a pas un trait qui n'ait sa difformité propre. Nous voyons de l'égarement dans nos pensées, de la confusion dans nos idées, de l'illusion dans nos préventions, fausseté dans nos jugemens & méprises dans nos vues, incertitudes dans nos conjectures, doutes sur nos devoirs, perplexités dans notre conduite, inconstance dans nos desirs, désordres dans nos affections, va-

nité dans nos détachemens, injuftice enfin &
folie dans toute notre vie. L'amour propre ne
tient point contre un pareil fpectacle, qui l'humilie jufqu'au centre de la terre; & plus il
s'affoiblit, plus on fent le poids de fes imperfections. On fe fait des violences, l'œuvre
avance lentement; & on le détruit prefque par
un moment de négligence volontaire. Les
paffions renaiffent de leurs moindres reftes;
le combat de la chair & de l'efprit fe renouvelle fans ceffe; on fe laffe d'être toujours en
guerre avec fon propre cœur; on fe furprend
chaque jour dans de nouveaux mécomptes &
dans de nouvelles fragilités; on s'afflige de
fe voir toujours fi difforme aux yeux à qui
l'on doit plaire, & le découragement va quelquefois jufqu'à l'impatience : on voudroit, en
un mot, hâter fes progrès, amaffer toutes les
richeffes de la vertu dans un court efpace, &
jouir avant le tems des avantages de l'âge parfait.

Il y a, ce femble, dans ce fentiment quelque chofe de bon; mais il y a auffi une forte
de tentation qui eft très-dangereufe; & pour
la prévenir ou pour la guérir efficacement,
fouvenons nous bien que notre falut ne vient
pas de nous-mêmes, & que Dieu feul eft notre
force, que c'eft lui qui commence en nous la
bonne œuvre & qui l'acheve. Defirons, prions,
follicitons-le fans ceffe de vouloir confommer
en nous fes grâces : mais apprenons à dépen-

dre humblement de ses momens. Gémissons de notre infirmité, sur-tout n'en négligeons jamais les remédes; mais du reste ne nous croyons pas plus sages que le Médecin qui doit nous guérir. Nous ne devons desirer d'être parfaits que pour lui plaire; & nous lui sommes plus agréables avec des foiblesses que nous n'aimons pas & qui nous humilient, qu'avec la complaisance qu'une vertu plus épurée pourroit nous causer.

PRIERE.

FAites-moi donc mieux entrer dans vos vues, Seigneur. Les lumières des hommes sont bien courtes, & leur amour propre bien subtil. Hélas! c'est peut-être moins par devoir que par intérêt, que je me fais certains reproches. Je ne voudrois vous être plus fidéle, que pour être plus content de moi-meme; & la lenteur de mes progrès dans la piété, ne me déplaît que parce qu'elle ne flatte pas assez ma vanité secrette. Vous, mon Dieu, qui me laissez aux prises avec mes propres desirs, vous ne voulez que m'humilier, & je me laisse abattre : ce que vous faites par miséricorde pour m'éloigner d'un écueil, me jette, par orgueil, dans un autre : ce qui ne devroit que réprimer ma présomption cause mon désespoir. Eh! quel sujet n'aurois-je pas en effet de désespérer, si ce n'étoit pas dans la foiblesse même que vous vous plaisez à faire éclater toute votre force ? Mais vous pouvez me sauver malgré toutes mes imperfections, parce que vous pouvez me les ôter. Vous me le faites espérer, Seigneur, cela me suffit; & je conçois que dans cette attente, je ne dois ni me consoler des défauts que vous me laissez, ni m'en affliger jusqu'à l'excès, mais travailler sans trouble, avec votre grace, à les corriger; ne jamais interrompre ce travail par paresse, & en attendre de vous, avec confiance, tout le succès.

DE L'EVANGILE.

Cet enfant est proposé comme un sujet de dispute, afin que les pensées de plusieurs soient connues. S. Luc. c. 2.

LEs prédictions de l'Evangile trouvent quelquefois leur accomplissement dans l'Evangile même; on y voit plus d'un exemple de cette dispute dont Jesus-Christ devoit être le sujet. C'est un homme de bien, disoient les uns: Non, disoient les autres, il séduit les peuples. Ainsi se découvroient les pensées des deux partis que l'amour ou l'aversion de sa doctrine formerent dès lors; ainsi se découvriront-elles jusqu'à la fin des siécles. En vain l'amour propre se flatte-t-il d'une espèce de neutralité qui ne se reproche ni trop d'indifférence pour Dieu, ni trop d'attachement au monde & à soi-même. On ne réussit jamais à servir ces deux maîtres, l'oracle en est prononcé: il faut opter, & le partage qu'on croit

pouvoir faire de ſes ſacrifices entr'eux ne ſau-
roit toujours durer. Les dehors ne ſe démen-
tiront peut-être pas, ſi vous voulez; mais on
a beau ſe faire illuſion pour quelques momens,
tôt ou tard le cœur ſe décèle, & il vient un
tems où l'on ne peut plus ſe diſſimuler à ſoi-
même ce qu'on eſt: ou tout à Dieu ſans réſerve, ou tout à autre choſe qu'à Dieu. Il eſt
vrai que la force des engagemens & des bien-
ſéances, ou la crainte des inconvéniens, fait
toujours conſerver quelques uſages de Religion, & aſſujettit régulièrement à certains
exercices; mais on ſent bien que ce n'eſt qu'à
regret, & non avec plénitude, qu'on s'y ſoumet. Au contraire, ſi c'eſt le ſentiment d'une
piété ſolide qui nous domine, on reconnoît
enfin l'injuſtice & l'indignité de certains reſ-
pects humains, qui ne permettoient pas de s'y
donner ſans réſerve; on ſe déprend inſenſiblement de je ne ſai quelles attaches qu'on
avoit crû pouvoir concilier avec ſes obligations: le goût pour Dieu s'augmente, & tout
ce qui n'eſt pas lui, devient tout à-fait inſipi-
de. Heureux dégouts que la grace procure à
certaines ames: ils ſont tout à-la-fois trop rares & trop précieux pour n'en pas profiter.

D'ailleurs, il faut néceſſairement ſe
déterminer, ſous peine de riſquer abſolument ſon ſalut. Il vient des occaſions
déciſives de ſe déclarer abſolument & ſans
partage pour l'un ou pour l'autre maître; des

conjonctures où une exacte probité ne peut se concilier avec certains intérêts; où la force de la loi s'oppose aux vues de la chair, où le penchant doit céder au devoir, où le respect de la Religion doit absolument l'emporter sur toutes les craintes humaines; où la vérité combattue nous met dans la nécessité de la défendre ou de renoncer au nom Chrétien. Malheur alors à celui que son cœur a séduit presque toute sa vie, & qui se trouve contraire à Jesus-Christ, tandis qu'il se flattoit encore d'être à lui : mais quelque réponse que le nôtre nous fasse, défions-nous toujours humblement de sa fidélité. Nous portons tous dans notre propre fond une contradiction secrette aux vérités de l'Evangile : la racine amère des mauvaises craintes & des mauvais amours n'y meurt point; sans cesse il s'éleve de-là quelques pensées de révolte, & des envies de secouer le joug. Qui peut se répondre de ne les écouter jamais, & de ne pas consentir quelquefois à ces petits soulevemens? Qui sait si par notre négligence volontaire ces malheureuses semences d'infidélité ne formeront pas un jour une opposition déclarée?

PRIERE

VOus, Seigneur, Sagesse éternelle, devant qui je suis dans ce moment, & qui savez de quelle boue vous m'avez formé, vous le voyez, souvent je suis prêt à vous oublier pour adorer des dieux étrangers! vous voyez combien d'impatiences fecrettes me caufe quelquefois le poids de vôtre joug, tout aimable & tout léger qu'il doit me paroître. Mais enfin, mon Dieu, votre miféricorde ne fe retire point de moi, j'en éprouve les impreffions ; je fens les defirs qu'elle forme en moi : & puifque vous connoiffez ceux qui font à vous, vous favez qu'au moins j'y voudrois être de toute l'étendue de mon cœur. Affurez-vous donc, mon Dieu & mon unique maître, affurez-vous par l'efficace de votre grace, de ce foible cœur; ne permettez-pas qu'il me féduife, & que j'approuve jamais fes révoltes contre vous & contre votre Chrift : faites que je fois conftant à me déclarer fon difciple aux dépens de tout devant les hommes, afin qu'au dernier jour il ne me défavoue pas devant vous.

POUR LE SIXIÉME JOUR
après Noël.

DE L'EPITRE.

Lorsque nous étions encore enfans, nous de-
meurions assujettis aux prémieres instruc-
tions que la loi donnoit au monde. S. Paul aux
Gal. ç. 4.

IL y avoit, du Juif au Chrétien, toute la dif-
tance de l'enfance à l'homme formé : or,
qu'arrive-t-il quand on veut inspirer aux enfans les premiers élémens de la Religion ? On
leur propose des objets dont ils ne se forment
que des idées grossiéres; on charge leur mémoire d'instructions dont ils ne retiennent
souvent que la lettre, si l'on n'a soin d'y join-
dre des réflexions qui soient à leur portée;
on les accoûtume à de petites pratiques qui
n'excitent en eux que des sentimens informes;
du reste, ce qui les touche ordinairement,
si on les abandonne à leurs sentimens naturels, c'est la récompense qu'on leur montre,
& la peine dont on menace leur indocilité.
Tels étoient le plus souvent les effets de cette
loi qui ne conduisoit à rien de parfait, dit
l'Apôtre. Ses lumières étoient bornées, ses
connoissances obscures; son culte exerçoit
sur-tout les sens, & ses promesses, prises à la
lettre, n'élevoient point l'ame: on y servoi

Dieu plus pour les biens du tems & par la crainte des châtimens, que par l'amour qui étoit foible. Mais l'Evangile apprend à l'homme à servir Dieu pour lui-même, & d'une maniere digne de Dieu; c'est dans l'avenir qu'on lui montre ce qu'il doit espérer & ce qu'il doit craindre : on veut qu'il compte pour rien les biens & les maux présens : on épure ses motifs, on regle ses sentimens, on lui apprend à se réformer & à diminuer sans cesse, principalement par la charité, le poids de la cupidité; on le conduit enfin jusqu'à la perfection de la justice.

Qu'on mette donc les instructions de Moïse auprès de celles de Jesus-Christ; ce sont les ombres auprès du grand jour. Mais qui est-ce aujourd'hui qui connoît bien tout le prix de cette lumière? Avons-nous quelque empressement de suivre les ouvertures que le Christianisme nous donne? Quelle attention faisons-nous aux vûes de justice & de perfection qu'on découvre dans ses maximes? Le grand nombre parmi nous n'est-il pas encore de ceux qui restent assujettis aux élémens les plus grossiers? Et combien de Chrétiens qui ne sont pas moins enfans que les Juifs! Qu'on ne s'y trompe pas : tous les amateurs du monde & des créatures n'appartiennent pas au Nouveau Testament, dit S. Augustin. Ne desirer que ce qu'on voit; n'être occupé que du soin de se rendre heureux sur la terre; ne servir

Dieu que comme un maître sévère dont on craint les châtimens; négliger de s'instruire de toute la sainteté qu'il exige de nous, ou se croire toujours assez instruit; mener une vie toute conduite par les sens; ne se défendre que des vices grossiers; se permettre tout ce que la lettre de la loi ne condamne pas, sans se mettre en peine d'en pénétrer l'esprit : c'est devenir semblable aux Juifs grossiers, & se rendre Jesus-Christ inutile. Y réfléchissons-nous assez, & comprenons-nous jusqu'où se rendent coupables ceux qui profitent si peu de la science du salut ?

PRIERE.

QUelle honte, mon Dieu ! Et qu'est devenue votre gloire ? Hélas ! autrefois un simple artisan parmi nous en savoit plus sur les secrets de la Divinité, que le plus habile des Philosophes : on faisoit toute son étude de la nouvelle Philosophie de l'Evangile ; & la pureté des mœurs répondoit à celle des maximes : jamais le monde n'avoit rien vû de si parfait que les Chrétiens. Aujourd'hui c'est presque inutilement que la lumière nous est offerte. Ne nous flattons pas : une indifférence si coupable mérite les derniers châtimens, & nous fera rentrer dans les ténèbres que nous aurons aimées. Nous ignorons, & nous serons ignorés. Ah, Seigneur ! ne permettez pas que ce malheur m'arrive jamais : ne cessez point de m'éclairer, ô Pere des lumieres ! Qu vrez de plus en plus mes yeux aux merveilles de cette loi juste, sainte & facile, que vous nous avez donnée par votre Fils ; elles sont toujours nouvelles à qui les connoît bien. Mais inspirez moi sur-tout l'amour chaste & ardent de ce que vous me révélez, afin que la ferveur de mes desirs aide encore à l'accroissement de mes connoissances, & que la charité me fasse de plus en plus entrer dans la vérité qui doit me mener à la justice parfaite.

DE L'EVANGILE.

Cet enfant est pour la perte & pour le salut de plusieurs dans Israël. S Luc. c, 2,

CEtte différence de la destinée des hommes est, sans contredit, de toutes les vérités de la Religion la plus terrible, & de toutes les profondeurs de Dieu la plus impénétrable à l'esprit humain. Il n'est réservé qu'à son incompréhensible sagesse de sçavoir les raisons de la préférence qu'il fait de ceux qu'il choisit, en les tirant de la masse de perdition, à ceux qu'il y laisse, & qui meurent dans la réprobation. Ces raisons, selon Saint Paul, ne peuvent être apperçues par nos foibles lumières ; & sa justice, comme sa miséricorde, nous sont également inaccessibles dans leur profondeur. Toujours Dieu & toujours également adorable dans l'une & dans l'autre : c'est le premier sentiment que la vue de

cette

Cette terrible vérité doit produire dans l'homme chrétien, en abattant pour toujours son orgueil aux pieds du Maître suprême qu'il a sur sa tête, dont l'Esprit souffle où il veut, quand il veut, & comme il veut.

Mais cette même vérité a, pour chaque Chrétien en particulier, différentes faces qui ne font point contraires l'une à l'autre, & qui se réunissent avec fruit dans les conséquences qu'on en tire. L'Evangile qui est notre régle, nous apprend à les tirer, ces conséquences; & Jesus-Christ ne nous propose nulle part ce profond Mystère comme un simple objet de spéculation qui ne tende qu'à étonner l'esprit, en affligeant inutilement le cœur. La grace de notre vocation est réelle; la confiance nous est commandée, les promesses nous font adressées, les conditions font attachées aux promesses; & Dieu ne prédestine point la fin sans la prédestination des moyens qui y conduisent. Quiconque renonce donc aux conditions & aux moyens, renonce nécessairement aux promesses & au terme où elles conduisent : c'est à quoi il faut se fixer, & tout est ici de pratique. Ainsi, quoiqu'il ne nous convienne pas & qu'il ne nous soit pas donné de connoître les decrets éternels de Dieu sur le fort des Chrétiens qui vivent dans l'Eglise; rien cependant n'est plus sensible dans l'exécution, que la différence de leurs mérites & celle de leur conduite. C'est l'usage ou l'abus des mêmes moyens, qui les sauve ou qui les perd. Placés dans les mêmes situations, environnés des mêmes objets, instruits des mêmes vérités, ils ont des vues & des sentimens tout contraires; &, à ne considérer que cette diversité d'impressions, on diroit que le monde même chrétien est composé de deux nations qui n'ont rien de commun dans leurs penchans : mais pétris en effet de la même boue, nés avec les mêmes foiblesses, si les uns périssent où les autres se sauvent, ils ne doivent point chercher ailleurs que dans leur propre volonté, la cause de leur perte. Que le pécheur consulte bien son propre cœur, il avouera que s'il est mauvais, c'est qu'il le veut être; & que s'il ne fait pas certain bien, c'est qu'il ne le veut pas faire. Les routes de l'Evangile sont ouvertes : malheur à ceux pour qui l'odeur de vie qu'il répand de tous côtés, devient une odeur de mort : c'est leur corruption volontaire qui change en poison le reméde de leurs maux. On est inquiet de son sort éternel; chacun voudroit sçavoir s'il est du nombre des Elûs ou de celui des réprouvés, & chacun, après tout, porte en soi la solution de ce problème : qu'il examine bien son cœur & qu'il considére sa vie. Quiconque reçoit avec docilité la doctrine de Jesus-Christ, quiconque en fait constamment la régle de ses mœurs, en soutenant sa conduite par la priere, porte tous les carac-

fères & les témoignages consolans d'un Elû :
quiconque est rébelle à cette lumière & ne
veut marcher que dans ses propres voies, sera
un réprouvé, s'il ne change.

PRIERE.

O Dieu fort ! ô Dieu puissant ! employe-
riez-vous cette puissance & cette force
pour sauver des pécheurs impénitens & obsti-
nés dans leur malice ? Et pourquoi le font-
ils, si ce n'est parce qu'ils ne veulent point de
la science de vos voies ? Quel fruit la meilleure semence peut-elle produire où le cœur
est mauvais ? Mais vous, Seigneur, vous seul
vous pouvez me l'ôter, ce mauvais cœur. Ac-
complissez donc en moi votre promesse, je
vous en conjure, , & je ne cesserai de vous en
conjurer par Jesus-Christ votre Fils : donnez-
moi cette docilité pour vous, sans laquelle
toutes vos graces me deviendroient inutiles
ou funestes : que dans l'incertitude où vous
me laissez sur mon élection, je travaille à m'en
assurer moi-même par mes œuvres : que ma
fidélité devienne, après votre parole, la
source de ma confiance, & que ma confiance
soutienne ma fidélité jusqu'au jour où vous
daignerez la récompenser.

POUR LE SEPTIEME JOUR
après Noël.

DE L'EPITRE.

Le temps étant accompli, Dieu a envoyé son Fils. S. Paul aux Gal. chap. 4.

QUelle nécessité que l'Auteur des temps s'assujettît à leurs loix? Si le monde avoit besoin d'un Sauveur, pourquoi tant différer à l'envoyer? Pourquoi n'en avoir fait la promesse qu'à quelques ames choisies? Pourquoi n'en avoir établi la foi que chez un peuple, encore avec tant d'obscurité? Pourquoi laisser marcher le reste des nations dans l'égarement de leurs voies? Pourquoi les laisser périr dans la nuit de l'ignorance & de l'infidélité? Voilà la témérité, voilà l'insolence, voilà l'écueil des raisonnemens humains. C'est notre grande folie, de vouloir pénétrer les secrets de Dieu même. Et qu'importe qu'ils nous soient cachés, misérables mortels? Avons-nous la foi, avons-nous même la raison un peu épurée & un peu saine? Quand il s'agit d'un Etre en qui les perfections infinies ne sauroient se combattre; qui n'a besoin ni de conseil pour réformer ses desseins, ni de secours pour les exécuter; qui ne peut rien déterminer que de sage; qui ne peut rien vouloir que de juste: n'est-on pas suffisam-

ment assuré que ce qu'il fait, c'est précisément ce qu'il a dû faire ; & que si ses motifs
sont impénétrables, c'est qu'ils ont dû l'être ?

D'où nous vient donc l'inquiétude, à nous
qui ne sommes pas ses juges, & qui n'aurons
à lui répondre que de nous-mêmes ? Nous
n'avons point d'autre intérêt à ses bienfaits
que de les desirer avec empressement, que de
les recevoir avec reconnoissance, que d'en
user selon les vues de sa bonté pour nous ; &
nous sommes toujours à contester avec lui sur
la maniere dont il les distribue : c'est l'argile
qui dispute avec le potier sur les différentes
formes qu'il donne aux vases qu'il en fait. A
entendre multiplier avec lui nos *pourquoi*, à
nous voir incessamment demander les raisons
de sa conduite, ne semble-t-il pas que sa justice nous soit suspecte, ou que nous nous flat-
tions de trouver sa sagesse en défaut ? Nous
cherchons à justifier ceux qu'il laisse périr, &
nous allons jusqu'à douter s'ils périssent. Est-
ce une ressource que nous prétendons nous
assurer contre la sévérité de ses vengeances ?
Voudrions-nous risquer de ressembler à ceux
qu'il condamne ? Où nous conduisent ces misérables illusions ? Les Jugemens de Dieu ne
sauroient-ils donc nous inspirer des pensées
plus utiles que celles de les censurer ? Que
n'en révérons-nous plutôt la profondeur, que
n'en craignons-nous avec tremblement les
terribles rigueurs ? Que ne nous estimons-

K iij

nous du moins trop heureux de ce qu'ils nous ont été si favorables? Devenons plus fidéles en devenant plus raisonnables; & au souvenir de tant de siécles écoulés dans de profondes ténèbres, à la vue de tant de nations encore abandonnées à leur aveuglement, bénissons seulement du fond de notre ame les jours de lumière & de salut, qui nous ont vu naître, & ne songeons qu'à nous justifier nous-mêmes aux yeux de Dieu par un plus saint usage des connoissances qu'il nous donne.

PRIERE.

QUe vous ai-je fait, ô mon Dieu, pour être placé si favorablement dans l'ordre de vos desseins & dans la distribution de vos miséricordes? Que ne vous dois-je point pour une préférence si peu méritée? Tout m'engage à me pénétrer pour vous de la plus vive gratitude, & à coopérer de toutes mes forces aux bontés dont vous m'avez pré-venu. Je le comprens, Seigneur, & je vous en demande la grace. Que ce soit-là désormais le sujet de toutes mes réflexions & l'objet de tous mes soins : alors, sans curiosité sur ce qu'il ne vous a pas plû de me révéler, je respecterai l'équité de vos decrets sans vou-loir en pénétrer les raisons : alors tranquille sur la sagesse du refus ou du délai de vos gra-ces, je n'aurai plus d'autre inquiétude que de ne pas découvrir assez toute l'étendue de

celles que vous m'avez faites, pour y mesurer ma reconnoissance, & ma fidélité.

DE L'ÉVANGILE.

Anne ne sortoit presque point du temple, servant
Dieu nuit & jour dans les jeûnes & dans
les prières. S. Luc chap. 2.

QUe les personnes libres & séparées du
siécle reconnoissent ici leur modéle!
affranchies des occasions & de la nécessité de
se partager, toutes leurs vues doivent se réu-
nir dans le soin de plaire au Seigneur. Heureux état que celui qui n'a point d'autre engagement! comment est-il si rare d'en goûter les avantages, & d'aimer à jouir de toute
sa liberté pour la consacrer à l'unique nécessaire? Le tems est court, & l'ouvrage de
notre sanctification seroit encore très imparfait après la plus longue vie. Faut-il s'étonner qu'une pieuse femme qui en connoît toute
l'importance, en fasse son unique affaire jusqu'à l'âge le plus avancé; qu'elle en soit occupée nuit & jour, & qu'elle ne sorte presque
point de la maison de Dieu, comme le remar-
que ici l'Evangile? Quand on est résolu de
mourir avec toutes ses imperfections & sans s'y
être sérieusement préparé, il faut avouer qu'on
a bien des momens de reste dans la plus courte
carrière; & la vie même, dans une si funeste
disposition, doit paroître bien souvent en-
nuyeuse, malgré tous les amusemens qu'on

cherche à s'y faire. Mais si nous ne renonçons pas à la sainteté, si nous voulons en mériter les récompenses, hélas! que nous devons regretter les moindres instans que le monde nous enleve; & que nous devons saisir avidement tout le loisir qu'il nous laisse!

Songez, ame chrétienne, que vous avez de mauvais penchans à redresser, des cupidités toujours renaissantes à retrancher, un cœur inconstant à fixer, de fragiles vertus à défendre, de fortes résolutions à soutenir, des secours d'en haut à solliciter, des graces continuelles à rendre à celui qui vous fait vaincre. Craignez donc souverainement la dissipation; fuyez les inutilités; gémissez des nécessités mêmes de la vie : veillez, priez, méditez beaucoup : soyez persuadée que vous ne sauriez trop vous occuper de vous-même & du Dieu que vous servez. Quelque soin que vous ayez pris de vous rendre agréable à ses yeux, il vous restera toujours bien des défauts à corriger, bien des taches à laver. Revenez incessamment sur vos premieres voies; portez la sonde jusqu'au fond de votre conscience : mettez souvent votre ame dans vos mains, considerez-en à loisir toutes les faces : examinez tout ce que les suites de vos emplois, tout ce que le commerce du monde le plus légitime & la nécessité de ses usages ont pu vous laisser de contraire à l'amour chaste & dominant que vous devez à celui qui ne nous a fait que pour lui-même. On ne se trouve jamais assez pur quand on se souvient que c'est à la gloire d'un Dieu qu'on aspire, & qu'avec cette espérance il faut être saint, dans la mesure qui nous convient, comme il est saint lui-même.

PRIERE.

A Qui vous comparons-nous donc, Seigneur ; quelles idées avons-nous de votre sainteté ! Vous voulez que nous soyons parfaits comme vous l'êtes vous-même, & nous croyons satisfaire à ce devoir par quelques momens dérobés que nous voulons bien vous donner : c'est toute autre chose qui nous occupe pour le fond ; & il semble que le tems que nous destinons au soin de notre perfection, soit un tems perdu. Réveillez donc, ô mon Dieu, réveillez ici ma foi plus qu'assoupie pour mon malheur : découvrez-moi toute la grandeur de mes espérances, afin que je conçoive mieux celle de mes obligations. Ah ! Seigneur, quand la durée de ma vie seroit égale à celle des siécles, que pourrois-je faire pour approcher de ce que vous êtes, & pour être digne de vous ? Que je sache donc, avec votre grace, estimer le reste des jours que vous m'accorderez, & que je craigne désormais qu'étant si court, ils ne soient pas encore trouvés assez pleins devant vous pour mériter vos récompenses.

K v

POUR LE JOUR
DE LA CIRCONCISION.
REFLEXIONS.
DE L'ÉPITRE.

Pour affranchir ceux qui étoient sous le joug de la Loi. S. Paul aux Gal. chap. 4.

QUelles idées nous formons-nous de cette liberté que la connoissance & l'amour de la vérité procurent? La vanité des Juifs fut blessée de la promesse que Jesus-Christ leur en fit. Nous sommes, lui dirent-ils, de la race d Abraham, & jamais, nous ne fûmes esclaves de personne. Aveugles! qui ne concevoient pas que ce n'est point la condition, mais la vertu qui rend les hommes libres. Tandis que le vice les domine, ce ne sont jamais que de vils esclaves. Ne l'est-on pas en effet, quand on est possédé de quelque passion, quand on est comme enchaîné par la force d'une mauvaise habitude? Pour être libre, il ne faut pas vivre au gré de ses desirs, mais ne rien desirer que ce que la sagesse approuve & ce que l'ordre permet; se plaire dans ses devoirs, en subir la loi sans murmure, en aimer l'utilité sans en haïr les rigueurs; n'agir point à regret, & n'avoir jamais d'autres raisons de ce qu'on fait, que les raisons mêmes qu'on a de le vouloir.

Or, eft-ce-là notre liberté? Répondons de bonne foi. Il eft vrai que nous nous portons au mal; c'eft de ce côté-là que notre penchant nous follicite, & nous n'avons qu'à nous y laiffer aller: mais fi nous voulons le bien, fi quelque vûe de juftice nous rappelle à nos obligations, c'eft alors que nous nous trouvons arrêtés par des defirs contraires, & que nous fentons tout le poids des paffions qui nous dominent. Que d'efforts pour s'attacher à leur objet, pour rompre les liens d'une vieille habitude! Ceux mêmes qui n'ont jamais eu de grands attachemens, fentent-ils quelquefois de moindres peines à fe réduire à l'exactitude de leurs devoirs? Eft-ce jamais fans quelque combat qu'on eft fidéle? Eft-il une vertu qui ne coûte quelque violence, un facrifice fans répugnance, une démarche un peu généreufe qui ne foit précédée d'irréfolutions? Enfin, malgré le foin le plus conftant de réprimer les foulevemens de la nature, quel fond de réfiftance encore, quelles faillies de révolte dans les volontés les plus foumifes à la loi du Seigneur! Où eft donc cette liberté dont nous nous flattons de jouir? Il faut n'en avoir jamais fait l'effai pour douter de fa foibleffe: c'eft la plaie la plus profonde que le péché ait faite dans notre ame, c'eft le fujet des gémiffemens des Saints; & le grand objet de nos defirs doit être de recouvrer cette liberté parfaite qui confifte à pratiquer la

K vj

juftice par l'amour de la juftice même : or, felon l'oracle de Jefus-Chrift, c'eft la vérité qui doit opérer en nous ce rétabliffe-ment. Ne voyons d'abord que par elle, ne jugeons de tout que par fa lumiere, travail-lons à nous bien convaincre de la vanité des biens préfens, & de la folidité des biens éter-nels. Comme le dégoût eft le fruit du mépris, l'amour eft celui de l'eftime. Plus nous nous détacherons de nous-mêmes & du plaifir des fens, plus nous aurons de facilité à nous por-ter vers le bien fuprême, & à remplir le de-voir de la juftice qui veut qu'on aime beaucoup les grandes chofes, & qu'on fe détache des petites.

P R I E R E.

MAis vous, mon Dieu, qui êtes feul ma lumiere & ma force, venez à mon fe-cours, regardez-moi en pitié ; voyez par com-bien de liens le péché tient encore mon ame captive, & délivrez-là par votre vérité. Hé-las ! Il femble qu'il ne me refte quelque foi-ble vue de mes obligations, que pour être plus vivement tenté de les violer : je tiens à tout ce qui m'environne, & je fuis lié par mes propres defirs. Brifez, Seigneur, brifez fur-tout cette volonté de fer qui fe roidit contre la penfée de me dégager, & que mes plus fortes réfolutions ne peuvent fléchir : affoi-bliffez mes cupidités en augmentant mes lumieres : retenez mes penchans en diffipant mes illufions; arrêtez cette fource de defirs déréglés, qui naît le plus fouvent de mes folles méprifes ; faites enfin que mes attaches fecrettes fe rompent de jour en jour, en me montrant de plus en plus le néant de ce que j'aime : afin qu'ayant mis tout mon bonheur à m'attacher à vous, je vous chante inceffamment le cantique de ma délivrance.

DE L'ÉVANGILE.

Le huitiéme jour auquel l'Enfant devoit être circonci, étant venu. S. Luc. chap. 2.

JEfus-Chrift veut bien être circonci le huitiéme jour comme le refte des enfans de fa nation ; c'étoit le fceau de leur engagement avec le Seigneur. Quiconque recevoit la Circoncifion, s'engageoit à l'obfervation de toute la Loi donnée par Moyfe : mais en Jefus-Chrift la Circoncifion ceffe ; il devient pour nous le médiateur d'une nouvelle alliance où nous entrons par le Baptême : quiconque le reçoit, fe foumet à l'Evangile : voilà notre engagement. Mais où eft notre fidélité ? Nous avons promis, nous avons juré folemnellement d'obéir à Dieu, & nous nous rendons cependant les arbitres de notre obéiffance ; nous ne voulons prendre de fa Loi que ce qui ne gêne point la nature. Infidéles & parjures, nous fommes ingénieux à nous forger des raifons de l'être ; nous nous excufons

fur notre foibleffe, fur notre état, fur nos fi-
tuations, fur la néceffité des conjonctures,
& fur l'autorité de l'exemple de ceux avec qui
nous vivons dans les mêmes engagemens :
nous flottons fans ceffe entre la difpenfe & les
obligations étroites : nous péfons à notre
fantaifie les grands & les petits devoirs : nous
voulons bien nous foumettre aux maximes
chrétiennes, mais à condition d'en prendre
ce qui nous plaira, & de ne nous attacher qu'à
ce qu'il y a de moins auftère : c'eft comme
un état de péché dans lequel nous prétendons
nous fixer. Nous violerons la Loi, mais ce
fera avec une certaine réferve. Notre relâchement aura fes bornes, difons-nous, & nous
ne nous permettrons que ce que nous croirons
pouvoir nous permettre avec impunité.

Quelle illufion ! quelle méprife en matière
de falut ! Cela s'appelle s'éloigner, dans le
fond du cœur, de la loi même qu'on obferve,
& fécouer le joug dont on paroît chargé :
c'eft-à-dire, que nous cherchons moins à
plaire à Dieu, qu'à le défarmer fi nous pouvons : c'eft-à-dire, que notre prétendue foumiffion confifte à ne pas l'attaquer par des
révoltes ouvertes, & que tout notre zèle fe
borne à ne l'offenfer que dans les chofes lé-
geres : le font elles, au refte, autant que nous
nous l'imaginons, aux yeux de celui qui voit
le fond de nos cœurs ? Eft-ce une faute légere,
de préférer fans fcrupule notre liberté, notre

repos, notre plaifir, nos intérêts à fes volontés ? Eh, connoiffons nous le maître que nous
nous fommes engagés à fervir ! On néglige,
par exemple, les régles d'une exacte tempérance, parce qu'on s'eft nourri dans l'habitude de fatisfaire fes fens, parce qu'on s'eft fait
un tempérament qui ne demande qu'à fe contenter en tout. On fe relàche fur les devoirs
d'une piété vraiment évangélique, parce qu'a-
vec une conduite trop févére, trop régulière
& trop foutenue, il eft impoffible, dit-on, de
jouir d'une honnête liberté dont cette miférable vie a befoin.

P R I E R E.

O Dieu ! qu'on eft facile à s'aveugler fur
fes propres obligations quand on ne les
aime pas ! & que l'orgueil de l'homme eft in-
folent contre vous ! Il falloit donc, pour être
obéi, que vous ne nous fiffiez que des devoirs
conformes à nos défirs; que vous nous con-
fultaffiez, & que vous ne fuffiez plus jufte,
fi vos loix n'étoient conformes à nos fauffes
idées. Si chacun ne veut prendre de votre loi
que ce qui l'accommode, il faudra donc que
vous la diverfifiiez felon les différentes paffions
des hommes ; il faudra que votre Evangile s'adouciffe pour nous, parce que nous
en fommes plus ennemis; & la volonté du
Créateur ne fera plus la loi fouveraine
des créatures. Eh quoi ! Seigneur, ne fuis-
je pas à vous par affez de titres ? Devois-je

vous coûter plus cher ? Ne m'avez-vous pas racheté d'un affez grand prix, & ne vous ai-je pas promis affez folemnellement de vous être fidéle ? Ah ! Grand Dieu, le renverfement de l'ordre eft ici trop marqué, il eft tems pour moi d'y rentrer : hâtez-vous donc de corriger les erreurs de mon efprit & les plaies de mon ame par la lumiere & l'onction de votre grace. Qu'une vive reconnoiffance, qu'un zèle ardent, que la foumiffion parfaite d'un cœur vraiment circonci me faffe chercher en tout votre volonté fainte ; que rien ne me femble léger de ce qui vous offenfe ; que tout ce qui vous déplaît me paroiffe énorme, & que je fois toujours moins détourné du vice par vos châtimens, qu'animé à la vertu par l'amour chafte de votre loi, & par la grandeur de vos promeffes.

POUR LE DEUXIEME JOUR
de Janvier.

DE L'ÉPITRE.

Parce que vous êtes maintenant enfans de Dieu, il a mis dans vos cœurs l'Efprit de fon Fils. S. Paul aux Gal. ch. 4.

LEs penfées de l'homme formé fur les maximes de l'Evangile, fes vues, fes inclinations, fes attachemens, fes œuvres font trop contraires à celles du refte des hommes, pour être les fruits d'un même esprit : c'étoit le sujet de l'étonnement des Payens, quand ils comparoient la vie passée des premiers fidèles avec leurs nouvelles mœurs. Comment, disoient-ils, cette femme si attachée à la terre & si voluptueuse; comment ce jeune homme si libertin & si débauché s'est il pu faire Chrétien ? Mais la grande preuve que nous n'avons plus l'esprit du monde, c'est ce sentiment de confiance qui nous fait aller à Dieu comme à notre père, l'invoquer sous ce nom, répandre dans son sein toutes nos inquiétudes, attendre tout de sa bonté, faire toute notre joie du soin de lui plaire & d'observer ses commandemens; éprouver enfin pour lui tout ce qu'inspire un tendre & respectueux amour. Ne se le représenter au contraire que comme un objet de terreur; ne s'approcher de lui qu'en tremblant; ne le servir que par force, comme un maître austère & toujours armé de rigueurs, ce n'est point avoir encore l'esprit des enfans de la Loi de Jesus-Christ.

Voyez donc sincèrement ce qu'est votre cœur avec Dieu; s'il se sent attiré vers lui, s'il fait la joie de votre ame; si vous aimez à vous entretenir avec lui par la prière, à entendre parler de ses perfections adorables, à lui représenter vos foiblesses & vos besoins, à lui découvrir sans réserve le fond de vos desirs, à lui demander la sagesse & des secours, à le faire ressouvenir qu'il vous a mis au nombre

de ſes enfans en vous prévenant de ſes miſé-
cordes. Sans cette ſainte liberté, vous n'en
avez pas vraiment le caractére; & ſi cela eſt,
que les vrais enfans de Dieu ſont donc rares
ſur la terre! La foule de ceux qui portent ce
nom, & qui paroiſſent en faire gloire, n'eſt
qu'une race menteuſe, dont le cœur n'eſt point
avec celui qu'ils oſent appeller leur père. Ce
ne ſont pas ſeulement les enfans infidéles &
les déſerteurs qui ſe ſont retirés de la diſci-
pline du Seigneur, & qui le déshonorent au
dehors par une vie déréglée, qui ſont indignes de lui : tant que vous n'avez pas dans
le cœur ce ſentiment qui faire crier : *O mon
pere!* tant que vous n'éprouvez rien pour
Dieu de cette liberté pleine de confiance
qu'on a pour ceux que l'on aime, & dont on
ſe flatte d'être aimé, votre exactitude à le
ſervir la plus ſpécieuſe, doit vous être ſuſpecte.

PRIERE.

NOn, ce n'étoit pas ainſi, mon Dieu,
que vos premiers enfans vous étoient
ſoumis; & il falloit qu'ils fuſſent bien différens de nous, pour convaincre le monde qu'ils
étoient animés d'un tout autre eſprit que le
ſien. Que faiſons nous qui nous diſtingue de
lui? Ne vous craint-il pas auſſi, ce monde que
vous avez réprouvé? Vos châtimens ne for-
cent-ils pas quelquefois le méchant même à
ſe ſoumettre pour vous déſarmer? Et faudroit-il donc alors le croire animé de l'Eſprit

de votre Fils? Non, Seigneur, je ne dois pas m'y tromper : on vous aime quand on a cet esprit dans le cœur ; & je ne me flatterai d'avoir quelque part à votre adoption, que quand je me sentirai pour vous cette inclination & la tendre confiance qu'un aussi bon Pere doit trouver dans ses enfans. Donnez-la-moi, Seigneur, & faites-moi sentir pour ma consolation, que vous me l'avez donnée : c'est de vous seul que je puis la recevoir, puisque la grace de l'adoption & ses suites viennent également de vous.

DE L'ÉVANGILE.

La grace de Dieu notre Sauveur nous a appris à vivre dans le siécle présent avec tempérance. S. Paul à Tit. chap. 2.

SI l'homme eût toujours dû rester en ce monde, il auroit pu en posséder tous les biens sans injustice : mais il n'auroit dû s'en servir que selon ses besoins, & la sagesse vouloit qu'il ne se fît point d'autres besoins que ceux de la nature, toujours très-simples & très-bornés. La connoissance de sa destinée, qui remet son bonheur au siécle à venir, ne lui permet pas de le chercher dans le siécle présent. Content d'y trouver des alimens & des habits, ses mœurs y seroient sans avarice, s'il n'oublioit pas qu'il est fait pour quelque chose d'infiniment meilleur que ce qu'il voit. Ce n'est donc que cet oubli qui lui fait méconnoître l'obligation de se renfermer dans les bornes du simple nécessaire. Quel mal fait-on, dit l'homme animal, de contenter ses appétits, de se procurer des douceurs, de jouir des plaisirs que l'abondance fait naître & qu'elle entretient? pourquoi la nature est-elle si féconde & si riche, s'il n'est pas permis d'user de tous ses bienfaits?

C'est ainsi que raisonne celui qui perd de vue ce qu'il est, & ce qu'il doit devenir. Mais que lui répond la Sagesse, que lui dit la Re'igion? Si le siécle présent est le temps de votre félicité souveraine, recueillez-en tous les biens avec avidité; recherchez avec empressement tout ce qu'il peut vous procurer d'agrémens & de voluptés; parez-vous de tout ce qu'il y a de plus précieux & de plus brillant: nourrissez-vous dans la mollesse, nagez dans les aises, enivrez-vous de délices; c'est sagesse, c'est devoir. Si vous y manquiez, vous vous manqueriez à vous-méme. Mais vous serez bientôt enlevé de la terre; ce que vous avez dans les mains va vous échapper sans retour. Quelle est donc votre folie? Quel est le mal que vous faites? C'est de multiplier vos nécessités, de changer vos infirmités en vices, de vous faire des attachemens qui vous rendront la séparation de la vie plus amère; qui vous font négliger vos devoirs & les soins de votre ame; qui vous rendent esclave des passions, incapable des grands combats pour la juftice & la vérité ; qui vous expofent à la tentation de violer l'un & l'autre en mille occafions pour vous fatisfaire, ou pour éviter des maux qui ne font réels que pour vous & par votre faute : des attachemens qui vous accoutument à perdre le gout des vrais biens ; qui vous dégradent, qui vous font mettre votre bonheur dans votre misère même, & qui vous réduifent en quelque forte au rang des animaux dont le fort eft de mourir pour ne plus vivre. Le grand & l'énorme mal que vous faites, c'eft de préférer les créatures à celui qui ne vous les a données que pour en ufer, en attendant qu'il vous trouve digne de jouir de lui. Cette préférence eft en effet l'injuftice même & la fource de tous les maux ; c'eft ce qui fait toute la différence entre vous & les juftes. Ils ne le font proprement que parce que, guidés par l'efprit de vérité que vous ne connoiffez point, ils favent ufer en paffant & avec modération, des mêmes biens dont vous abufez.

PRIERE.

QUe je regarde donc déformais, ô mon Dieu ! la leçon de tempérance que votre bonté nous a faites par Jefus-Chrift votre Fils, comme le fond & l'abregé de toute la perfection que vous exigez de moi dans cette vie. Faites-moi bien comprendre que mon grand devoir confifte dans une circoncifion continuelle, dans une application conftante à retrancher tous les defirs dérèglés des biens qui périffent : que je ne les recherche jamais que comme des reffources de mes foibleffes & des foulagemens paffagers de ma misère, & que content de ce qui me fuffit, je fois fidéle à m'interdire toutes les fuperfluités. C'eft la vie chrétienne ; c'eft le devoir que vous m'impofez ; & jufqu'à ce que j'en fois venu là par votre grace, je ne fuis point votre difciple.

POUR LE TROISIEME JOUR
de Janvier.

DE L'EPITRE.

Si vous êtes enfant de Dieu, vous êtes auffi fon héritier par Jefus-Chrift. S. Paul aux Gal. c 4.

SAint Paul nous repréfente ici l'ordre des bienfaits de Dieu pour nous, fous l'image des loix humaines. Dieu nous adopte, & devenus fes enfans, nous fommes appellés à fon héritage : mais tout cela n'eft qu'une fuite de la même miféricorde, qu'une forme différente de la même grace. Tout cela fuppofe que nous perfévérerons dans la juftice, que nous vivrons jufqu'à la fin d'une manière digne de Dieu, & que nous mourrons dans fa grace. Sans cette condition, ne comptons point fur notre droit à la gloire, comme s'il ne pouvoit nous la refufer. Tous les titres qu'il nous y donne, ne l'engagent point ; nous pouvons l'abandonner après notre vocation, & mériter d'étre rejettés, quoiqu'il nous ait appellés. Il ne faut pas croire que nous lui devenions jamais nécessaires. Il nous promet son héritage comme un fruit de son adoption : mais il peut tirer pour sa gloire une nombreuse postérité du sein des rochers, & se faire des enfans des pierres mêmes ; il sait amollir les cœurs les plus endurcis, & y répandre un tendre amour de sa Loi : c'est lui-même qui met la piété dans ses serviteurs, & nos mérites sont ses dons.

Apprenons donc à tout attendre de ses bontés, à ne nous confier qu'en ses promesses, à ne présumer pas d'une fidélité qui ne peut se soutenir que par la continuation de ses graces, à solliciter ses miséricordes par une prière sans relâche, à nous humilier à ses pieds, à trembler saintement devant lui comme devant l'arbitre juste & souverain de nos destinées. Servons-le avec joie, rien n'est plus conforme à la piété. Servons-le même avec une tendre confiance, il nous l'ordonne & il l'attend de nous.

P R I E R E.

QUe je vous craigne donc, Seigneur, & que je ne cesse pourtant point d'espérer en vous ! Ces deux sentimens me sont également nécessaires dans cette vie courte & passagère. Que je n'aie jamais la pensée de m'élever à l'occasion de vos faveurs ; vous ne me les deviez certainement point, & vous pouvez me les reprendre pour les donner à d'autres, qui, sans y avoir plus de droit, auroient peut-être plus de gratitude. Mais pour la gloire de votre nom, pour l'amour de vous même, vous me conserverez vos premiers dons, vous n'oublierez pas vos anciennes miséricordes, vous reconnoîtrez en moi votre ouvrage, & vous ne voudrez pas l'y laisser imparfait. Voi-là, mon Dieu, le sujet de ma grande confiance. Je sens bien que vous n'avez pas besoin de moi ni de ma justice : mais je me souviens que j'étois votre ennemi quand vous avez dai-gné me mettre au nombre de vos enfans. Vous repentirez-vous d'un choix où vous avez mon-tré tant de charité, & d'une charité si gra-tuite ? Non Seigneur, je ne saurois le croire, votre vérité me tient un langage contraire au fond du cœur, & ce cœur me dit qu'après vous avoir tant de fois appellé mon père, je ne serai point exclu de votre héritage. Puis-siez-vous m'y faire entrer bientôt pour con-sommer en moi vos miséricordes ! Puissiez-vous finir une attente toujours trop longue pour une ame qui vous aime, mais qui est toujours misérable ici-bas ; qui ne peut trou-ver son repos qu'en vous !

DE

DE L'ÉVANGILE.

Anne louoit le Seigneur dans le Temple, & parloit de lui à tous ceux qui attendoient la délivrance d'Israël. S. Luc. c. 2.

LES promesses du salut & les vérités de la foi font rarement le sujet de nos entretiens; & c'est la preuve la plus assurée que nous en sommes bien peu touchés. Une ame qui sent la vanité des créatures & le prix de la félicité que Dieu promet à ceux qui le servent, ne peut s'empêcher de parler avec effusion de ce qui l'occupe. Son cœur se répand comme de lui-même : elle ne tarit point sur les louanges du Seigneur, sur la grandeur des espérances qu'il nous donne, sur la délivrance d'Israël, sur le mystère de Jesus-Christ, & le bienfait de la Rédemption. Eh! quels sujets en effet plus inépuisables, s'ils nous intéressoient un peu plus ? Notre sécheresse ne vient donc que de notre indifférence. On est plus stérile à proportion qu'on aime moins, & c'est par-là que nous pouvons juger de nos dispositions.

Le courtisan, le politique, l'esclave du monde parlent bien du monde; & les vrais serviteurs de Dieu parlent bien de Dieu. Si cela est ainsi, le nombre en est bien petit. Jamais on ne fut plus muet pour lui dans les conversations. Il semble qu'on soit convenu d'en bannir la piété, & les bouches même qui doivent lui être uniquement consacrées, n'en savent plus tenir le langage. C'étoit cependant autrefois pour les simples fidèles le sujet le plus ordinaire de leurs entretiens. Ils parloient, parce qu'ils croyoient ; & leur langue sembloit n'être plus que l'organe de leur foi. Pleins de la lecture des livres saints & des maximes de l'Evangile, leurs discours n'étoient que des effusions de cette plénitude. C'étoit par ces communications mutuelles que leur foi même se nourrissoit, que leur espérance se ranimoit, que leur confiance en Dieu s'affermissoit de jour en jour, & que l'amour de leurs devoirs s'imprimoit fortement dans leur cœur. Les mauvais entretiens corrompent insensiblement les bonnes mœurs, dit le S. Esprit ; un langage prophane remplit l'esprit de fausses idées : les préjugés se forment & deviennent la règle des sentimens. Tel est à proportion le fruit d'une conversation pieuse ; elle rend la vérité présente à l'esprit qui s'en occupe : les réflexions la font passer jusqu'au cœur, & le cœur s'accoutume insensiblement à la goûter. Apprenons donc à nos lévres à parler un langage saint : & formons nos oreilles à l'entendre. Guérissons la stérilité de notre ame, remplissons-la de bonnes choses ; & en donnant dans les occasions de son abondance, estimons-nous heureux de pouvoir jouir de l'abondance des autres.

PRIERE.

AH ! Seigneur, que je dois rougir ici devant vous de ma dépravation ! Vous le voyez, & je ne puis me le diſſimuler : il n'eſt point, le plus ſouvent, d'entretiens plus inſipides pour moi que ceux où l'on me parle de vous & de vos vérités. Les mondains me vantent leurs vanités & leurs trompeuſes eſpérances ; ils me content des fables, & je les écoute avec avidité. Eh ! quelle utilité puis-je tirer de leurs diſcours, que de devenir prophane avec les prophanes, & méchant avec les méchans ? Otez-moi donc par votre grace, ô mon Dieu, ce goût funeſte, & faites que je n'écoute plus avec plaiſir que ce qui pourra me rappeller vos bontés, me retracer la grandeur de vos promeſſes, me donner l'intelligence de votre loi, & me découvrir l'étendue de mes obligations ; que ce qui pourra m'accoûtumer à réfléchir ſur toutes les vérités qui peuvent intéreſſer ma foi, ſoutenir ici-bas mon eſpérance, & adoucir les ennuis de mon exil, afin que, fidèle à m'en entretenir avec mon propre cœur, je devienne capable d'en entretenir ceux qui vivent dans la même attente ; & que le premier ſujet de leurs diſcours & des miens ſoit toujours notre ſalut commun.

L ij

POUR LE QUATRIEME JOUR
de Janvier.

DE L'EPÎTRE.

Je vous conjure par la miséricorde de Dieu.
S. Paul aux Rom. chap. 12.

IL y a toujours dans le cœur des hommes un intérêt dominant qui les détermine, & c'eſt par-là qu'on les conjure. Découvrez l'endroit ſenſible, & vous obtiendrez tout d'eux. Cet intérêt dans un cœur chrétien, & que l'Apôtre rappelle ici avec tant d'énergie, ce devroit être ſans doute le ſouvenir des miſéricordes de Dieu. Nous n'avons pû l'aimer les premiers : mais à quoi les bontés dont il nous a prévenus, ne nous engageroient-elles pas, ſi nous en ſentions bien tout le prix ? Après tant de bienfaits, notre fidélité pour lui ne devroit plus être que l'ouvrage de notre gratitude. Quels ſacrifices pourrions-nous lui refuſer ? Quoique nous faſſions, nous ne lui rendrons jamais tout ce qu'il nous a donné. D'où vient donc que notre zèle pour lui languit toujours ? Hélas ! nous ſommes ſi faciles à remuer pour les créatures : les moindres avances nous gagnent. On obtient tout de nous, on nous fait tout entreprendre avec l'appas d'une vaine promeſſe ; l'occaſion de faire une connoiſſance nouvelle ; l'eſpérance de plaire, ou le seul plaisir de voir de près certaines personnes & d'en être connus ; le témoignage le plus léger de leur estime, un simple souvenir, leur nom seul qu'on prononce devant nous, est un titre suffisant pour tout espérer de notre complaisance, & pour tout exiger de notre dévouement.

Allons plus loin, & avouons que souvent même notre vanité n'attend pas qu'on la prévienne. Nous cédons à l'envie de montrer que nous avons du crédit & des amis puissans ; il ne faut point nous en conjurer. Nous rougirions d'avouer les motifs secrets qui nous engagent à de si grands mouvemens, qui nous inspirent certaines entreprises, & qui nous font quelquefois sacrifier notre repos. Comment du moins ne nous reprochons-nous point ces motifs frivoles & si peu dignes de nous ? Sommes-nous les esclaves des hommes ? Leur estime & leur faveur sont-elles pour nous de si grands intérêts ? Sommes - nous assez payés de ce que nous faisons pour eux, par le plaisir de l'avoir fait ? Et si nous sommes capables de quelques grands sentimens, doivent-ils en être les objets ? Pour servir des indignes & souvent des scélérats, pour passer peut-être par dessus les règles de l'équité en leur faveur, il suffit qu'ils nous soient recommandés par certaines gens, ou qu'ils leur appartiennent ; & pour secourir un pauvre, un misérable, un innocent opprimé, une ame qui s'égare, ou qui risque de se perdre, la re-commandation de Dieu, ses ordres précis, ses promesses même ne font pas la moindre impression sur nous.

PRIERE.

MON Dieu! scrutateur sévère & témoin fidèle de tous les motifs qui me font agir, quand aurai-je bien reconnu devant vous toutes mes foiblesses? En est-il une qui doive m'humilier plus que celle-ci, qui marque en moi plus de vanité, plus d'aveuglement & d'injustice! Si j'ai reçu de vous une ame sensi-ble, comme je m'en flatte si volontiers de-vant les hommes : si vous m'avez fait naître avec un bon cœur, que je fais tant valoir dans les occasions, n'étoit-ce que pour me dévouer à tous les usages de vos créatures, & que pour me faire mettre ma gloire & mon bon-heur à les servir d'une manière toute humaine? Si ce sont les bienfaits qui me touchent, si c'est l'espérance qui me fait agir, si la recon-noissance a quelque pouvoir sur moi, que n'a-t-on pas droit de me demander pour vous? Oui, mon Dieu, j'en fais la promesse : si vous daignez bénir la résolution que je forme au-jourd'hui, c'est uniquement par vos bontés qu'il faudra désormais me prendre; & quand il s'agira d'employer mes soins, mes bien-faits, mon crédit, mes talens, mon autorité pour le moindre de vos enfans, je souhaite & je ne veux plus qu'on emploie d'autre nom que le vôtre, pour m'intéresser & pour exciter tout mon zèle.

DE L'EVANGILE.

Après que les parens de Jesus eurent accompli tout ce que la Loi du Seigneur ordonne, ils s'en retournerent. S. Luc. c. 2.

LES devoirs extérieurs de la Religion demandent de l'exactitude : n'y rien ajouter, n'en rien retrancher, c'étoit ce que Dieu recommandoit à son peuple. On ne l'honore d'une manière digne de lui, que quand on l'honore en la manière qu'il le veut ; & ce qu'il veut sur tout, c'est que l'homme soit soumis par amour. C'est cette soumission filiale produite par la charité, qui fait tout le mérite de ce qu'il ordonne pour son culte ; & l'obéissance alors est plus précieuse à ses yeux que les plus grands services. Souvent on lui déplaît par les moyens mêmes qu'on cherche pour lui plaire. On ne fait que consulter son goût, que suivre son penchant, que se livrer à son humeur, en croyant se livrer au mouvement d'un attrait particulier. On se prescrit des pratiques, on imagine des dévotions, on se fait en quelque sorte de nouveaux dieux ; & tout cet appareil de Religion n'est souvent que l'ouvrage de l'amour propre qui s'y satisfait, & qui reçoit dès-lors toute sa récompense.

La pieté solide est celle qui s'applique à

former les fentimens, à règler les mœurs, à découvrir & à fuivre l'efprit de la Loi fous la lettre du précepte. Il faut s'affujettir fans répugnance aux commandemens qui nous font faits ; & le défordre de la fauffe piété, c'eft de négliger ce qui vient de l'inftitution de Dieu, pour s'attacher à fes propres inventions. Un culte imaginé par l'intérêt, ou fuggéré par la fuperftition, les dévotions arbitraires, où la connoiffance & l'amour de Jefus-Chrift n'entrent pour rien, & qui n'ont pour fondement que l'erreur populaire, font quelquefois plus avidement courues que celles qui font tirées du fond de la Religion même, ou dirigées par fon efprit. On eft fcrupuleux fur des exercices de choix & d'habitude ; & tandis qu'on croit aller au-delà de fes devoirs, on ne prend pas garde qu'on manque en effet aux premiers & plus effentiels engagemens.

PRIERE.

HÉLAS ! que de voies obliques ! que de pas perdus, qu'on prend pour les vraies routes du falut ! & à combien d'illufions la piété, fi on n'y fait attention, n'eft elle pas fujette tous les jours ! Quoi, mon Dieu ! l'homme vous défobéit réellement, & croit vous en fervir plus parfaitement ? La méprife feroit ici trop funefte. Le fond de toute ma juftice, c'eft de travailler avec votre grace à devenir ce que vous voulez que je fois, & d'accom-

plir exactement ce que vous m'ordonnez. Ce
doit donc être aussi l'objet de tout mon zèle :
& je voudrois toujours être moi-même ma
loi, ma règle, mon juge, & l'arbitre de tout
le bien que je fais ou que je dois faire. Je voudrois que mon propre choix décidât du mérite de mes œuvres ; que ce qui me plairoit
le plus, fût ce qui me rendît plus agréable à
vos yeux. Non, encore une fois, Seigneur,
c'est à vous de commander, & c'est à votre
serviteur d'obéir. Commandez - moi donc,
mais donnez - moi l'obéissance ; & persuadé
que je ne puis vous être agréable qu'autant
que je vous serai soumis, je ne cesserai de vous
faire cette prière avec votre Prophète : *Apprenez-moi, Seigneur, à faire votre volonté,
parce que vous êtes mon Dieu.*

POUR LE CINQUIEME JOUR
de Janvier.

DE L'EPÎTRE.

*Offrez vos corps à Dieu comme une Hostie vivante,
sainte, agréable à ses yeux.* S. Paul aux Rom.
chap. 12.

ON ne comprendroit pas aisément pourquoi Dieu exigeoit qu'on lui immolât
de vils animaux, si le Sacrifice de Jesus-
Christ, dont ceux de la Loi n'étoient que la
figure, n'en devenoit le parfait dénouement.

Ce n'étoit pas en effet dans le prix des victimes qu'il falloit chercher le mérite de ces sacrifices, l'Ecriture s'en explique assez clairement : mais que sur le modèle de la victime sans tache qui étoit figurée, l'homme règle toujours sa conduite, & que tout en lui soit soumis aux loix du Créateur ; qu'il assujettisse ses sens à la raison, qu'il les fasse tous servir aux usages de la justice ; qu'il sache régler ses appétits, user avec modération des créatures, immoler, en un mot, toutes ses passions à ses devoirs : à tous ces traits on connoît qu'il devient une victime digne de Dieu. Sa volonté sur nous, c'est que nous soyons saints, c'est-à-dire, que tout en nous lui soit consacré, que tout lui soit offert & mérite de l'être. Il n'est donc pas une action dans la vie, pas un mouvement, pas une situation dont nous ne devions lui faire un sacrifice ; & c'est là ce que l'Apôtre demande de nous. Soit que nous mangions, soit que nous buvions, quoi que ce soit que nous fassions, il veut que nous le fassions pour la gloire de Dieu : par-là rien n'est perdu pour nous ; tout nous devient un sujet de mérite, parce que tout entre dans l'hommage de notre reconnoissance, & que nous rendons tout à celui de qui nous avons tout reçu.

Telle est l'étendue de ses droits sur nous & de nos devoirs envers lui ; mais qu'il s'en faut bien que ce ne soit celle de notre fidé-

lité! A quelle fin rapportons-nous nos veil-
les, nos peines, nos forces & notre induſtrie?
Travaillons-nous véritablement pour Dieu?
Les différentes portions de notre vie forment-
elles une Hoſtie ſainte, vivante & agréable à
ſes yeux? Eſt-ce ſur-tout pour lui que nous
ſouffrons, & ſommes-nous plus à lui dans la
maladie que dans la ſanté? La vie & la mort
nous devroient être indifférentes, à les regarder comme des ſacrifices; & elles doivent
l'être de notre part. Nous n'y devrions chercher que les diſpoſitions de la volonté de Dieu
ſur nous, & le droit ſouverain qu'il a de ſe
faire honorer par nous en la maniere qu'il lui
plaît : cependant nous ne ſongeons preſque
jamais qu'à vivre pour quelque choſe qui tient
au monde; & ſouvent, quand nous nous ſommes épuiſés pour lui, c'eſt contre Dieu que
nous murmurons : ainſi nous ne voulons être
ſes victimes ni pour vivre ni pour mourir.

PRIERE.

MON Dieu! que d'infidélités je vous fais,
& que d'occaſions précieuſes de mériter je perds! Vous voulez que mon corps ſoit
votre autel, votre temple, votre victime, je
puis vous y faire tous les jours mille petits
ſacrifices agréables à vos yeux, vous dévouer
tous mes mouvemens, vous conſacrer mon
travail, mon repos, m'aſſujettir pour vous aux
néceſſités de la vie, vous en rapporter les
plaiſirs & les peines, vous offrir mes priva-

L vj

tions & mes maux ; & je néglige tous ces moyens de vous plaire & de vous rendre une partie de ce que je vous dois. Vous pourriez exiger que je vous immolaffe chaque jour, s'il étoit poffible, ma vie même ; & ce n'eft qu'au péché que vous voulez que je meure. Ah, Seigneur mon Dieu ! faites donc que déformais tout foit mort en moi pour l'injuftice, & ç'en eft une de vous refufer la moindre partie de moi-même. Accordez-moi donc de vivre comme votre victime, & que je croie ne vivre plus, dès que je ne vivrai pas pour vous.

DE L'ÉVANGILE.

L'Enfant croiffoit, & fe fortifioit en efprit ; il étoit plein de fageffe, & la grace de Dieu étoit en lui. S. Luc. chap. 2.

LES opérations de la grace imitent en nous celles de la nature : nous ne naiffons pas hommes faits, il faut du temps pour croître & pour arriver à la maturité de l'âge ; ainfi les premiers dons que Dieu répand dans notre ame, ne font que comme le germe de l'homme nouveau qui doit fe former en nous par un renouvellement parfait de l'efprit & du cœur. On commence à connoître fes devoirs, on effaie de les remplir, on entre dans la voie du falut ; mais ce ne font encore là que des efforts & des démarches d'enfant ; il faut que par des progrès fuccefſifs, nos lumières deviennent plus étendues, & nos réfolutions plus fortes. Celui qui fe trouve toujours également foible, également lâche, qui ne fe rend à fes devoirs que par des motifs où l'amour propre a plus de part que la vertu, qui ne fent pas même d'envie de s'avancer dans la piété; celui là reſſemble trop malheureuſement à ces enfans mal-fains qui ne donnent d'eſpérance que lorſque leurs membres viendront à fe dénouer.

Peut-on vivre tranquille dans un tel état? Car enfin, tant qu'on demeure dans cette langueur d'affections, qui ne paroît pas dégénérer du bien qu'on a commencé de faire, & qui n'afpire pourtant à rien de meilleur & de plus parfait, hélas! s'il eſt vrai qu'on n'eſt pas mort alors pour Dieu, on ne promet pas du moins une longue vie. Il eſt même comme impoſſible que l'homme vive long-temps dans cette eſpéce de point fixe, où il n'eſt ni tout-à-fait vertueux, ni tout-à-fait dérèglé. Digne alors d'être vomi & rejetté de la bouche du Seigneur, tôt ou tard la charité s'éteint, & l'impreſſion de la grace céde aux foibleſſes de la nature. L'enfant ne peut pas être toujours enfant; il faut qu'il devienne homme, ou qu'il meure : il faut de même que le juſte travaille à devenir plus juſte, le faint plus faint, ou qu'il ceſſe de l'être. A meſure que nous avançons, les paſſions qu'on n'a pas eu foin de réprimer fe fortifient, les occafions deviennent plus dangereufes, les intérêts plus grands. Les premiers fecours qui nous avoient foutenus font plus rares, ou nous deviennent inutiles; les objets qui nous frappoient ne nous frappent plus; les vérités n'empruntent plus pour nous aucune force de leur nouveauté. Nous avons donc befoin d'une raifon plus éclairée, d'une volonté plus ferme; & fi ces changemens ne font pas faits en nous par des accroiffemens continuels, nous devons craindre de fuccomber fous le poids des tentations. On foutient très-difficilement avec les forces des enfans, des travaux réfervés à des hommes faits.

PRIERE.

QUE je comprens donc bien peu, Seigneur, l'économie de vos deffeins fur moi! Je commence à peine de vivre pour vous, que je me crois affez avancé. Vous voulez que votre grace croiffe en moi, qu'elle s'y fortifie; & je ne fuis qu'un enfant en fageffe & en force. Ah! que deviendrai-je donc à vos yeux, ô mon Dieu! Quel fera mon fort, finon celui de ces arbres fans racines & fans vie, qui féchent au lieu de porter des fruits dans leur temps? Faites-le-moi craindre efficacement, Seigneur! Que je comprenne une bonne fois que vos dons en moi ne doivent pas être ftériles; que je cultive par le fecours de votre grace, que je nourriſſe en moi avec ſoin ces précieuſes ſemences, & que par un continuel accroiſſement de lumière & de charité, je parvienne à la meſure de la juſtice que je dois néceſſairement remplir pour conſommer l'œuvre de mon ſalut.

AVIS.

Lorsque la Fête de l'Epiphanie arrive le Samedi, le lendemain (qui est le Dimanche dans l'Octave) on commence les lectures de la premiere Semaine après l'Epiphanie.

Lorsque cette Fête arrive le Dimanche, alors, parce que le Dimanche dans l'Octave & la Semaine qui le suit, ne concourent qu'avec le 13 Janvier ou le jour de l'Octave, & qu'en ce cas il y a six jours vuides entre la Fête & ce Dimanche, on trouvera de quoi les remplir soit dans les réflexions ci-après, page 264 & suivantes, soit en reprenant quelques-unes de celles de la quatriéme Semaine de l'Avent qui n'auront pas été lues cette année-là.

Si la Fête de l'Epiphanie arrive le Lundi, le Mardi, le Mercredi, le Jeudi, le Vendredi, on observera la même régle.

En un mot, on se souviendra que la seconde semaine ou le second Dimanche après l'Epiphanie n'arrive jamais avant le 14 de Janvier, & par conséquent, qu'après que l'Octave de l'Epiphanie est entiérement passée.